KB106678

부동산 절세 상식 사전

부동산 절세 상식사전

Common Sense Dictionary of Reducing Real Estate Tax

초판 발행 · 2020년 4월 29일
개정판 발행 · 2021년 5월 13일
개정 2판 발행 · 2022년 5월 10일
개정 3판 발행 · 2023년 5월 26일

지은이 · 유종오
발행인 · 이종원
발행처 · (주)도서출판 길벗
출판사 등록일 · 1990년 12월 24일
주소 · 서울시 마포구 월드컵로 10길 56(서교동)
대표전화 · 02)332-0931 | **팩스** · 02)323-0586
홈페이지 · www.gilbut.co.kr | **이메일** · gilbut@gilbut.co.kr

기획 및 책임 편집 · 이재인(jlee@gilbut.co.kr) | **본문 디자인** · 박상희
마케팅 · 정경원, 김진영, 장세진, 김도현, 이승기 | **제작** · 이준호, 손일순, 이진혁, 김우식
영업관리 · 김명자, 심선숙 | **독자지원** · 윤정아, 최희창

교정교열 · 김동화 | **일러스트** · 조윤혜 | **전산편집** · 김정미 | **CTP 출력 및 인쇄** · 예림인쇄 | **제본** · 예림바인딩

- 특별부록 〈세테크 서식 238〉은 길벗 홈페이지에서 회원가입 없이 다운받을 수 있습니다.

ISBN 979-11-407-0423-1 13320
(길벗 도서번호 070517)

정가 18,000원

부동산 절세 상식 사전

유종오 지음

길벗

지은이의 말

부동산을 거래할 때 절세는 필수다!

부동산 거래에는 세금 문제에 대한 사전 검토가 꼭 필요하다

사람에 따라 다르겠지만 살면서 부동산을 거래하는 일은 그리 흔하지 않다. 물론 전세나 월세 같은 부동산 임차 거래는 비교적 자주 경험하지만 부동산을 사고팔거나 상속 또는 증여받는 일은 드물다.

부동산은 거래금액이 크고, 부동산과 관련된 세법이 매우 복잡하여 자칫 잘못하면 부담하지 않아도 될 세금을 내는 등 경제적으로 큰 손실이 발생할 수 있다. 부동산 절세에 관한 지식을 알아두어야 하는 이유다.

부동산 거래는 취득과 보유, 운용, 처분 또는 상속·증여 등의 상황으로 구분할 수 있다. 거래별로 다른 세금 문제가 발생하는데, 이때 부담하는 세금의 종류, 계산 방식, 신고납부, 절세법이 모두 다르다.

최신 세법 개정사항을 충실히 반영한 책

세법은 국내외 경제 상황 변화와 정책적 목적에 따라 매년 한 차례 이상 개정이 이루어진다. 이에 최신 세법 개정사항을 매년 충실히 반영하여 이 책의 개정판을 출간하고 있다. 앞으로도 실생활에 영향을 미치는 세법 개정사항이 있다면 그 사항을 빠짐없이 정리해 시의적절하게 반영할 생각이다.

세무전문가로서의 20년 경험을 집대성

세무회계전문가로 활동한 지 20년이 넘었다. 세법은 매년 한 차례 이상 개정이 이루어질 만큼 변동이 잦다. 그러다 보니 세무 실무와 실생활에 영향을 미치는 잦은 세법 개정으로 경력이 오래된 세무전문가라도 게으름을 피울 여유가 없다. 세법 내용을 잘 알고 적용하는 일은 전문가의 영역이다. 하지만 일반인들도 조금만 관심을 가지면 자신과 관련된 세금을 이해하고 절약할 수 있다.

필자는 독자들을 위해 그동안 세무 상담을 하며 경험한 다양한 상담 사례와 세무전문가로서의 실무 경험을 글로 정리했다. 이 책은 필자의 경험과 노하우를 일반인들이 알기 쉽게 정리한 것이다.

실무자의 구체적이고 예리한 지적이 녹아 있는 책

원고를 집필하는 동안 옆에서 한결같은 마음으로 격려해준 아내 혜경에게 고맙다는 말을 전하고 싶다. 원고를 처음부터 끝까지 꼼꼼하게 읽고 세무 공무원 입장에서 구체적이고 예리하게 지적해준 국세청 최진영 회계사님께도 고마움을 표한다. 필자를 도와 묵묵히 업무를 처리해주는 우리 사무소 동료들도 항상 고맙다. 그들이 없었다면 책을 쓰는 일이 어려웠을 것이다. 마지막으로 원고 기획 단계부터 마감까지 애를 써준 길벗출판사 경제경영팀 식구들에게 진심으로 감사드린다.

공인회계사 · 세무사 유종오

사례별 세금 재테크 노하우 찾기

사례 1 6년 전 부동산 거래 세금, 꼭 내야 할까?

부동산 투자자 C씨는 6년 전 등기 없이 판 토지에 대한 양도소득세 1억 원을 납부하라는 고지서를 받았다. 5년이 지나면 세금을 내지 않아도 된다고 하던데, 내야 할까? 그냥 버텨볼까?

세금 절약 TIP ▶ 세법에서는 정부가 세금을 부과할 수 있는 기한을 정해두고 있다. 일반 세목인 양도소득세는 5년이 지나면 세금을 부과할 수 없지만, C씨는 미등기양도라는 비정상적인 방법으로 세금을 포탈했으므로 거래 후 10년까지 세금을 부과할 수 있다. 버티지 말고 그냥 내자(자세한 내용은 6장 참고)!

준비마당 ▶ 부동산 절세가 웬만한 재테크보다 낫다

세금 내는 기술, 세테크를 잘하면 세금을 줄여 훌륭한 재테크 효과를 얻을 수 있다. 준비마당에서는 세금 재테크를 잘하려면 꼭 알아야 할 세금의 기본 개념을 소개한다. 알면 약, 모르면 독이 되는 세테크 이야기이므로 꼭 알아두자.

사례 2 부동산을 산 돈은 어디에서?

서울에 사는 E씨(51세)는 생애 처음으로 10억 원의 아파트를 취득했다. 그런데 취득 후 1년 뒤에 관할세무서에서 증여세 혐의가 있으니 취득자금을 소명하라는 안내문을 받았다. E씨는 어떤 자료를 준비해서 어떻게 소명해야 할까?

세금 절약 TIP ▶ 국세청은 재산취득자 또는 채무자의 직업, 연령, 소득 및 재산 상태 등을 고려해 자력으로 재산을 취득하거나 채무 상환이 가능한지를 확인한다. 이때 자력에 의한 재산 취득을 인정하기 어렵다면, 해당 자금을 증여받은 것으로 추정하여 증여세를 추징한다. 자금출처에 대한 소명을 요청받은 E씨는 이에 따라 취득자금 소명자료를 준비하면 된다(자세한 내용은 11장 참고).

첫째마당 ▶ 부동산 취득 시 세금 재테크

부동산을 판매해 자금으로 전환하기 전, 취득하는 과정에서도 세금이 부과된다. 양도나 임대 수익에 세금이 부과되는 것은 잘 알고 있었겠지만, 취득 시에도 세금이 부과된다니? 첫째마당에서는 부동산을 구입하는 과정에서 주의해야 할 세금을 소개한다.

사례 3 종합부동산세를 줄일 수 있는 방법이 없을까?

H씨(63세)는 단독명의 1세대 1주택자로 공시가격 13억 원에 해당하는 주택을 7년째 보유하고 있어 매년 종합부동산세를 납부하고 있다. 종합부동산세를 절세할 수 있는 방안은 없을까?

세금 절약 TIP ▶ 단순하게 생각해 부부간 증여에 대해서는 10년 내 6억 원까지는 증여세가 없으므로 H씨가 부인에게 6억 원에 해당하는 지분을 증여하면 H씨 주택지분공시가격은 7억 원, 배우자는 6억 원이 되어 종합부동산세가 나오지 않는다. 따라서 종합부동산세만 비교하면 증여 후가 138,240원 적다. 하지만 증여에 따른 취득세가 발생하는데, 이는 시가표준액의 3.5%인 2,100만 원에 상당한다. 전체 세금을 고려할 경우 H씨가 종합부동산세 부담을 줄이기 위해 배우자와 주택 지분을 나누는 것은 실익이 없음을 알 수 있다(자세한 내용은 20장 참고).

둘째마당 ▶ 부동산 보유 시 세금 재테크

부동산 보유 시 세금에는 재산세와 종합부동산세가 있는데, 재산의 크기에 따라 세금이 매겨진다. 이 때문에 잘못된 방법으로 세금을 아끼려다 오히려 더 많은 세금을 물게 되는 경우가 많다. 둘째마당에서는 부동산 보유 시 주의해야 할 절세 방법을 알아보자.

사례 4 부동산임대업자의 추계신고

임대용부동산을 소유한 J씨는 사업자들에게 임대를 하여 소득이 발생했다. 2021년 매출은 2,300만 원, 2022년 매출은 4,000만 원, 2023년 매출은 5,000만 원(주요경비 2,000만 원)이다. J씨가 2022년분과 2023년분에 대해 신고해야 하는 소득금액은 각각 얼마일까?

세금 절약 TIP ▶ 먼저 J씨의 2022년과 2023년 신고 유형을 구분해보자. 2022년은 직전 연도인 2021년 매출이 2,400만 원 미만이므로 단순경비율 대상자이면서 동시에 간편장부 대상자가 된다. 2023년은 직전 연도인 2022년 매출이 2,400만 원 이상이므로 기준경비율 대상자이지만 7,500만 원 미만이므로 간편장부 대상자다. 따라서 J씨가 2022년과 2023년에 각각 신고해야 하는 소득금액은 2,400만 원, 2,300만 원이다(자세한 내용은 27장 참고).

셋째마당 ▶ 부동산 운용 시 세금 재테크

부동산을 구입해 직접 주거하는 경우도 있지만, 임대로 수익을 내는 경우도 있다. 거주, 비거주에 따라 임대소득에 붙는 세금이 달라지고, 운용을 하는 부동산은 보유세에서도 일반 부동산과 차이가 있다. 따라서 다른 점을 분명히 알고 세금 전략을 짜는 것이 좋다.

실거래가액을 확인할 수 없을 때

L씨는 7년 전에 4억 원에 취득한 비조정지역 소재 아파트를 양도하려고 한다. 현재 L씨는 1세대 2주택자다. 양도금액은 7억 원이고, 기타 필요경비는 1,500만 원이다. 취득 당시 공시가격은 3억 원이고, 양도 당시 공시가격은 5억 원이다. 직전 양도자는 양도소득세 비과세여서 신고를 하지 않았고, 세무서도 실거래가를 확인할 수 없다. L씨가 양도소득세를 유리하게 신고하려면 어떻게 해야 할까?

세금 절약 TIP ▶ 양도가액은 동일하지만 취득가액은 실거래취득가액인지, 환산취득가액인지에 따라 차이가 날 수 있다. L씨는 직전 양도자의 신고가 없고 세무서 또한 확인할 수 없으므로 환산취득가액으로 신고해도 무방하며, 약 585만 원(지방소득세 포함)의 세금을 절세할 수 있다(자세한 내용은 33장 참고).

넷째마당 ▶ 부동산 양도 시 세금 재테크

이사를 가거나 부동산으로 차익을 내기 위해서는 결국 양도를 해야 한다. 부동산 투자에서 가장 큰 수익을 내기 위한 부동산 양도 관련 세금 절약법은 꼭 알고 있는 것이 좋다. 넷째마당에서 이에 대해 자세하게 다루고 있다.

이혼 후 재산분할 때문에 양도소득세 폭탄을 맞다!

Z씨는 자기 소유 아파트를 배우자 명의로 이전하고 협의이혼을 했다. 그런데 1년 뒤 2억 원이 넘는 양도소득세 고지서가 날아왔다. 대가 없이 준 건데 왜 양도소득세가 나왔을까?

세금 절약 TIP ▶ 이혼으로 재산분할을 하기 위해 부동산을 나눌 때는 위자료 명목이더라도 소유권 이전의 등기원인을 '재산분할청구'로 해야 증여세와 양도소득세 과세를 피할 수 있다. Z씨의 경우 등기원인을 '이혼위자료 지급'으로 기재해 양도소득세가 부과되었을 것이다(자세한 내용은 57장 참고).

다섯째마당 ▶ 특수한 상황의 부동산 양도 및 절세 노하우

부동산 양도 시 세금은 부동산의 종류와 상황에 따라 다양하다. 모든 사례를 다룰 수 없어 많은 사람이 상담하는 내용 중에 대표적인 사례를 선별해 다섯째마당을 구성했다. 자신의 부동산이 조금 특수하다면 다양한 사례를 참고하는 것이 좋다.

특별부록

필요할 때마다 꺼내 보는 세테크 서식 238

세테크 서식 238은 길벗 홈페이지(www.gilbut.co.kr)에서 회원가입 없이 무료로 다운받을 수 있습니다.
홈페이지에서 《부동산 절세 상식사전》을 검색하세요.

연말정산

- 교육비납입증명서
- 근로소득원천징수영수증(근로소득지급명세서)
- 근무지(변동)신고서
- 근무지신고서
- 기부금명세서
- 기부금영수증
- 기부금영수증발급명세
- 기부금영수증발급명세서
- 기부금조정명세서
- 방과후학교수업용도서구입증명서(학교외구입분)
- 보험료납입증명서(단체보험)
- 보험료납입증명서
- 소득공제신고서
  -근로소득자공제신고서
- 소득자별근로소득원천징수부
- 연금계좌이체명세서
- 연금납입확인서
- 연금보험료등소득 · 세액공제확인서
- 외국인근로소득세액감면신청서
- 원천징수이행상황신고서(원천징수세액환급신청서)
- 의료비부담명세서
- 의료비지급명세서
- 일시퇴거자동거가족상황표
- 일용근로소득지급명세서(지급자제출용)
- 장기주택저당차입금이자상환증명서
- 장애인증명서
- 장애인특수교육비납입증명서
- 접대비조정명세서
- 주택자금상환증명서
- 취학전아동수강료납입증명서
- 학원수강료지로납부확인서

퇴직소득세

- 과세이연계좌신고서
- 근로자퇴직등통지서
- 퇴직소득과세이연명세서
- 퇴직소득세지방소득세과세표준신고및납부계산서
- 퇴직소득세지방소득세과세표준신고서
- 퇴직소득세지방소득세과세표준확정신고및정산계산서
- 퇴직소득원천징수영수증(퇴직소득지급명세서)
- 퇴직소득원천징수영수증및지급명세서

사업소득세

- 1세대3주택이상자의장기임대주택등일반세율적용신청서
- 간편장부소득금액계산서
- 감면세액조정명세서
- 결손금소급공제세액환급신청서
- 경비등송금명세서
- 계산서
- 계좌개설(변경)신고서
- 공동사업자별소득분배명세서
- 과목별소득금액조정명세서
- 과세표준및세액의결정-경정청구서
- 과세표준수정신고및추가자진납부계산서
- 국세환급금신청서
- 국세환급금양도요구서
- 국외투자기구신고서
- 국외특수관계인간주식양도가액검토서
- 기부금대상민간단체추천서
- 기부금명세서
- 기부금모금액및활용실적명세서
- 기부금영수증발급명세서
- 기부금조정명세서
- 기장세액공제신청서
- 기타소득원천징수영수증-기타소득지급명세서
- 농어촌특별세과세대상감면세액합계표
- 대부업자수입금액검토표
- 대손충당금및대손금조정명세서
- 대주주등신고서
- 대차거래채권매매거래원천세액환급신청서
- 대차거래채권확인서
- 매입처별계산서합계표
- 매출처별계산서합계표
- 배당에대한원천징수부
- 비거주자유가증권양도소득신고서
- 비거주자유가증권양도소득정산신고서
- 비거주자의사업 · 선박등임대 · 사용료 · 인적용역 · 기타소득지급명세서
- 사업소득세액연말정산신청(포기)서
- 사업소득원천징수영수증(매월원천징수용), 사업소득지급명세서(매월원천징수용)
- 사업소득원천징수영수증(연말정산용)
- 사업용계좌개설신고서
- 사업장현황신고서
- 선급비용조정명세서
- 성실신고확인자선임신고서
- 세액공제액조정명세서
- 소득공제신고서
- 소득구분계산서
- 소득금액조정계산서
- 소득금액조정합계표
- 소득자별근로소득원천징수부
- 소득자별연금소득원천징수부
- 손실거래명세서
- 수입명세서
- 신탁재산(투자회사재산)에대한원천징수세액확인서
- 양도소득원천징수영수증(지급명세서)
- 연금계좌이체명세서

- 연금소득원천징수영수증(연말정산용)
- 연금소득원천징수영수증
- 연금소득자소득·세액공제신고서
- 연금소득자소득공제신고서
- 연금수령개시및해지신청서
- 연예인수입금액검토표
- 영수증수취명세서
- 영수필통지서-납부서-영수증
- 외국납부세액공제(필요경비산입)신청서
- 외국인근로소득세액감면신청서
- 외국항행사업소득세액감면신청서
- 외화평가차손익조정명세서
- 원천징수세액반기별납부승인신청서
- 원천징수세액본점일괄납부승인신청서
- 원천징수이행상황신고서(세액환급신청서)
- 유가증권양도소득원천징수영수증(지급명세서)
- 의료비인출명세서
- 의료업자수입금액검토표(일반병의원·한의원 공통)
- 이자배당사용료기타소득세조약에의한비과세면제신청서
- 이자배당소득지급명세서
- 이자소득원천징수영수증, 배당소득원천징수영수증-이자소득지급명세서, 배당소득지급명세서
- 일용근로소득원천징수영수증
- 일용근로소득지급명세서
- 일인별수입금액명세서
- 임대보증금등의총수입금액조정명세서
- 임대주택사업자의거주주택1세대1주택특례적용신고서
- 자동차학원수입금액검토표
- 장기주택저당차입금이자지급명세서
- 장기채권분리과세철회신청서
- 장기채권이자소득분리과세신청서
- 재고자산등평가방법(변경)신고서
- 재고자산평가조정명세서
- 재해손실세액공제신청서
- 접대비조정명세서
- 제세공과금조정명세서
- 조정계산서
- 조정후수입금액명세서
- 종합소득세·농어촌특별세·지방소득세 과세표준확정신고및납부계산서
- 종합소득세과세표준확정신고서(단일소득-단순경비)
- 종합소득세과세표준확정신고서
- 종합소득세지방소득세과세표준신고및자진납부계산서
- 종합소득세농어촌특별세지방소득세과세표준확정신고및납부계산서
- 주식거래명세서
- 주식양도소득금액계산명세서
- 주요경비지출명세서
- 주택담보노후연금이자비용증명서
- 주택임대사업자수입금액검토표
- 주택자금상환증명서
- 중간예납추계액신고서
- 지급이자조정명세서
- 지정기부금단체추천서
- 채권등매출확인서
- 총수입금액및필요경비명세서
- 총수입금액조정명세서
- 최저한세조정명세서
- 추가납부세액계산서
- 추계소득금액계산서
- 토지등매매차익계산명세서(기준경비율)
- 토지등매매차익예정신고서및납부계산서
- 퇴직급여충당금조정명세서
- 퇴직보험료등의조정명세서
- 퇴직연금납입증명서
- 표준대차대조표
- 표준손익계산서
- 표준원가계산서
- 표준원가명세서
- 표준재무상태표
- 표준합계잔액시산표
- 학원사업자수입금액검토표
- 해외부동산취득및투자운용(임대)명세서
- 해외영업소설치현황표
- 해외현지법인명세서
- 해외현지법인재무상황표
- 홈택스이용신청서
- 환매조건부채권매매거래원천세액환급신청서
- 환매조건부채권매매거래확인서

양도소득세

- 대주주등신고서
- 부동산매각의뢰신청서
- 부동산양도(신고, 확인)서
- 비거주자유가증권양도소득신고서
- 양도소득과세표준신고및납부계산서
- 양도소득금액계산명세서
- 양도소득세간편신고서(소명자료제출서)
- 양도소득세물납신청서
- 양도소득원천징수영수증
- 양도취득가액및필요경비계산명세서
- 유가증권양도소득원천징수영수증
- 주식거래명세서
- 주식등양도소득금액계산명세서

상속세·증여세

- 가가업상속공제신고서
- 가업상속재산가액명세서
- 공익법인결산서류등의공시
- 공익법인등의세무확인결과집계표
- 공익법인등의세무확인서
- 공익법인출연재산등보고서
- 금융재산상속공제신고서
- 기부금품의모집및지출명세서
- 동거주택상속공제신고서
- 보유부동산명세서
- 보험계약자등명의변경명세서
- 상속개시전처분채무부담사용처소명명세서
- 상속세(증여세)연부연납허가신청서
- 상속세결정경정청구서
- 상속세과세가액계산명세서
- 상속세과세표준신고서
- 상속인별상속재산및평가명세서
- 상속재산미분할신고서
- 상속증여세물납신청서
- 상속증여세연부연납허가신청서
- 수증자등및과세가액계산명세서(II)
- 수증자등및과세가액계산명세서
- 수혜자선정부적정명세서
- 연부연납허가신청서
- 영농상속공제신고서
- 외국납부세액공제신청서
- 운용소득사용명세서
- 이사등선임명세서
- 장부의작성·비치의무불이행등명세서
- 재산의운용및수익사업내역부적정명세서
- 재해손실공제신고서
- 전환사채등발행및인수명세서
- 주권(출자증권·공채·사채·수익증권·은행예금·기타예금)명의개서신청서(변경명세서)
- 주식(출자지분)보유명세서
- 주식등의출연취득보유처분명세서
- 증여세과세표준신고및자진납부계산서(특수관계법인과의거래를 통한 증여의제이익신고용)
- 증여세과세표준신고서(기본세율적용분)
- 증여세과세표준신고서
- 증여재산및평가명세서
- 증여재산평가및과세가액계산명세서
- 지배주주등과특수관계법인
- 채무공과금장례비용상속공제명세서
- 출연받은재산의공익목적사용현황
- 출연받은재산의사용명세서
- 출연자등특수관계인사용수익명세서
- 출연자및이사등주요구성원현황명세서
- 출연재산매각대금사용명세서
- 출연재산운용소득매각대금사용계획내역서
- 퇴직급여등지급명세서
- 특정기업광고등명세서
- 특정시설물(골프회원권등)이용권명의개서명세서(변경명세서)

차례

넷째마당 부동산 양도 시 세금 재테크

다섯째마당

특수한 상황의 부동산 양도 및 절세 노하우

여섯째마당

상속 · 증여와 부동산

Common Sense Dictionary
of Reducing Real Estate Tax

0 준비마당

부동산 절세가 웬만한 재테크보다 낫다

부동산 절세, 왜 해야 할까?

토지, 주택, 조합원입주권, 분양권 등 모든 부동산을 거래할 때는 그 거래의 목적이 무엇이든 항상 세금이 따라다닌다. 양도소득세, 상속세 및 증여세, 취득세, 재산세, 종합부동산세 등 세금의 종류도 거래 유형에 따라 다양하다.

살면서 누구나 한 번쯤 부동산 거래를 한다. 투기 목적이 아니라면 손에 꼽을 정도이지만 일생 동안 부동산 매매는 평균 2차례, 증여와 상속은 있을 수도 있고 없을 수도 있다.

횟수는 적지만 부동산은 평가 또는 거래금액이 매우 크기 때문에 부동산 거래에 부과되는 세금 역시 매우 큰 편이다. 서울 소재 30평대 아파트는 이미 20억 원을 넘나들고, 강남에는 40억 원이 넘는 아파트도 많다.

이처럼 부동산 거래는 거래금액이 아주 크고, 과세 방식과 세금 계산이 매우 복잡하기 때문에 사전에 절세를 위한 검토는 필수다. 사전 검토 없이 부동산 거래를 했다가는 나중에 거액의 세금으로 마음고생을 할 수도 있다.

부동산에 붙어 다니는 5가지 세금

우선 부동산과 관련된 세금은 언제 어떻게 발생하는지 알아보자. 부동산 관련 세금은 크게 5가지로 구분할 수 있다.

① 토지 또는 건물 등 부동산 취득 시 세금

부동산을 유상거래(매매)로 취득하든, 무상거래(상속이나 증여)로 취득하든 취득세 또는 등록면허세가 발생하며, 경우에 따라 그에 부가하여 농어촌특별세 또는 지방교육세가 발생할 수 있다.

② 보유하는 동안 내는 재산세 또는 종합부동산세 등

부동산을 취득한 이후 처분할 때까지의 기간, 즉 부동산 보유기간에는 재산세와 종합부동산세가 발생한다. 종합부동산세를 감면받았다면 농어촌특별세가 부과될 수 있다.

③ 운용할 때 내는 임대사업소득세 또는 법인세 등

부동산은 가격 상승을 노린 투자 또는 운용 목적으로 취득하기도 한다. 보유기간 동안 부동산을 임대하면 세금이 발생한다. 개인이 부동산을 임대하면 소득세가 발생하고, 법인이 임대하면 법인세가 발생한다.

④ 양도할 때 내는 양도소득세 등

다른 부동산을 취득하기 위해, 차익을 실현하기 위해, 담보에 따른 차입금을 갚기 위해 등 다양한 이유로 부동산을 양도하게 된다. 이때 발생하는 세금이 양도소득세와 지방소득세다. 물론 양도할 때 차익이 아니라 손실이 발생하면 양도소득세 등은 발생하지 않는다.

⑤ 증여 또는 상속받을 때 내는 증여세와 상속세

부동산을 증여받을 때는 증여세, 상속받을 때는 상속세가 발생한다.

▼ 부동산과 관련된 세금

구분	본세	부가세
취득 및 등록 시	취득세, 등록면허세	농어촌특별세, 지방교육세
보유 시	재산세, 종합부동산세	농어촌특별세
운용 시	소득세, 법인세	지방소득세
양도 시	양도소득세, 법인세	지방소득세
상속 및 증여 시	상속세, 증여세	-

탈세와 절세를
확실히 구분하자

세금을 잘 내기 위해서는 적절한 기술이 필요하다. 같은 세금을 내더라도 어떤 사람은 세금을 줄이지만 어떤 사람은 세금을 줄일 기회가 있음에도 놓치고 만다. 심지어 더 내는 경우도 있다. 세금을 줄이는 노하우가 분명히 있다는 뜻이다.

물론 '세금을 어떻게 줄일까' 하는 문제는 쉽지 않다. 세금을 줄이는 방법에 따라 많은 이득을 얻을 수도 있지만, 잘못하면 무거운 세금 추징(追徵, 부족한 것을 추가해서 징수하다)에 형사처벌까지 당할 수도 있기 때문이다. 세금을 줄이는 방법이 세법 테두리 안에 있으면 절세가 되지만, 세법 테두리 밖으로 나가면 탈세가 된다.

합법적으로 세금을 줄이는 '절세'

'절세'란 세법이 인정하는 테두리 내에서 합법적으로 세금을 줄이는 행위를 말한다. 우리가 알고자 하는 세금 노하우는 여기에 속한다.

아파트 잔금 지불시기를 늦춰 2년 이상 보유 비과세 요건을 충족시키거나, 3년 이상 보유하여 장기보유특별공제를 활용하거나, 취득시기를 조절하여 재산세나 종합부동산세를 줄이거나, 자녀에게 증여 시 10년 단위로 증여하여 증여세를 내지 않거나 줄이는 방식 등은 합법적 절세에 속한다.

불법적으로 세금을 줄이는 '탈세'

반면 '탈세'란 아파트를 매매하면서 고의로 다운계약서 또는 업계약서[1]를 작성하거나, 주택을 자녀에게 증여하면서 다른 사람을 내세워 사실과 다른 거래를 만들어 불법적인 방법으로 세금을 적게 내거나 내지 않는 것 또는 불법적으로 환급받는 행위를 말한다.

당장은 세금을 적게 내니 경제적 이익이 될지 모르지만, 그 사실이 세무조사 또는 신고[2] 등에 의해 밝혀지면 무거운 세금 추징과 가산세[3]로 이어져 경제적 손실을 초래한다. 더욱이 '사기나 기타 부정한 행위로 조세를 포탈하거나 조세의 환급 및 공제를 받은 자'에 해당되면 조세포탈죄로 형사처벌까지 받게 된다.

부동산 거래와 관련된 세테크는 양도시기를 조절하거나 취득시기를 늦

---

1 **다운(Down)계약서/업(Up)계약서** 다운계약서는 부동산 등을 매매할 때 실제 거래된 금액보다 낮은 금액으로 양도한 것처럼 작성하는 계약서를 말한다. 양도가액이 낮아지면 양도차익이 줄어 양도자의 양도소득세도 낮아진다. 부동산을 사는 사람 역시 취득가액이 줄어들어 취득세를 적게 내도 된다. 업계약서는 이와 반대로 매매가액을 높게 표기하는 것이다. 업계약서는 취득자가 향후 이 부동산을 양도할 때 양도차익을 줄여 양도소득세가 작아지도록 한다. 다운계약서와 업계약서 모두 불법이다.

2 **신고·제보에 대한 보상제도** 세금탈루(탈세) 또는 부당환급공제세액과 관련된 중요 자료를 제공하거나 체납자의 은닉재산을 신고·제보하는 사람에게 해당 세액의 5~20%(최고 40억 원 한도)를 지급하는 제도로, 차명계좌를 신고한 경우 건별로 100만 원을 지급한다.

3 **가산세(加算稅)** 납세의무자가 세법상의 신고의무를 이행하지 않거나 세금 납부를 연체했을 때 경제적 불이익을 주는 행정적 조치로서 세금의 일부다.

추는 등 세법에서 허용하는 한에서 절세를 활용하는 것이지 탈세를 하는 것이 아니라는 점을 기억해두자. 그럼 잘못된 세테크에는 어떤 것들이 있을까?

잘못된 절세의 3가지 대표적인 유형

첫째, 세법을 잘못 적용하는 경우

세법은 정부입법 방식을 통해서든 국회입법 방식을 통해서든 매년 바뀐다. 주로 나라의 경제 상황 변화, 세무 이슈에 대한 행정소송의 결과, 기타 정책적인 목적 달성을 위해 적어도 1년에 한 차례 이상 개정된다. 세법 개정이 이루어지면 합법이던 절세 방식이 더 이상 허용되지 않거나, 반대의 경우도 발생한다. 합법적인 절세를 하려면 당시의 세법 요건을 정확히 알고 있어야 한다. 그렇지 않으면 잘못된 세테크로 인한 후유증을 앓게 된다.

둘째, 고의로 탈세를 하는 경우

탈법적인 절세, 즉 탈세는 고의적인 세금탈루(脫漏, 밖으로 빠져나가 새다)일 뿐 절세나 세테크가 아니다. 탈세가 적발되면 세액의 최대 40%(국제거래 60%)에 해당하는 '부당과소신고가산세'[4]와 함께 세금 미납기간 동안 매일 세액

---

4 **과소신고가산세** 무신고가산세가 세법에서 정한 신고의무를 아예 이행하지 않은 데 따른 가산세라면, 과소신고가산세는 세법에서 정한 금액보다 적게 신고한 데 따른 가산세를 말한다. 과소신고가산세에는 10%의 가산세가 부과되는 일반과소신고가산세와 부당한 방법으로 적게 신고해 40%(국제거래가 수반되는 부정행위의 경우 60%)의 가산세가 부과되는 부당과소신고가산세가 있다.

의 0.022%에 해당하는 '납부지연가산세'[5]를 부담해야 한다. 고의로 매출을 누락하거나 실제 지출하지 않은 경비를 지출한 것처럼 거짓으로 장부를 꾸미는 행위도 탈세에 해당되어 무거운 가산세가 부과된다.

셋째, 조세회피 후 소송에서 패하는 경우

조세회피 방식으로 세테크를 했다가 소송에서 패하는 경우에도 미납 또는 과소납부한 세액에 대해 추징과 함께 무신고 또는 과소신고가산세, 납부지연가산세를 부담해야 한다. 예를 들어 아버지가 10억 원을 전부 본인 명의로 은행에 예치하지 않고, 아들 명의를 빌려 각각 5억 원씩 예치했다고 하자. 그러면 1인당 이자소득이 금융소득종합과세 기준금액인 2,000만 원에 미달하게 되어 종합소득세를 회피할 수 있게 된다.

하지만 이 경우 다음 2가지 중 하나로 귀결될 가능성이 크다. 이 거래가 명백한 '명의위장거래'로 밝혀지면 실질소득자인 아버지에게 종합소득세 추징이 가능하다. 반면에 '증여'로 간주되면 아들에게 증여세를 추징할 수 있다.

---

5 **납부지연가산세** 세법에서 정한 세금을 납부기일까지 납부하지 않은 데 대한 연체이자 성격의 가산세로, 하루에 미납세액의 0.022%씩 늘어난다. 단, 고지납부하는 세금은 납부기한까지 체납 시 세액의 3%, 완납할 때까지 최대 5년 동안 1일 0.022%씩 가산세가 추가된다.

잘못된 절세에 따른 처벌

절세를 시도하다 앞의 3가지 경우에 해당하면 가산세가 부과되거나 조세포탈죄로 처벌을 받을 수도 있다.

가산세 부과

가산세는 세법상 각종 협력의무를 위반할 때 행정벌[6]에 해당하는 세금이다. 가산세는 크게 신고 관련 가산세와 세금 미납 관련 가산세로 구분된다. 신고 관련 가산세에는 무신고가산세, 과소신고가산세, 초과환급신고가산세 등이 있으며, 세액의 10~60%(또는 수입금액의 0.07% 또는 0.14%)다. 세금 미납 관련 가산세에는 납부지연, 초과환급가산세가 있으며, 미납세액에 덧붙여 고지납부기한 이내 납부 시 1일 0.022%, 체납 시 세액의 3%, 이후 1일 0.022%씩 5년까지 연체이자 성격으로 부과한다. 가산세와 관련된 자세한 내용은 41장을 참고하자.

이러한 가산세를 경감해줄 때도 있다. 법정신고기한 내에 신고한 후 1개월 이내에 수정신고를 하면 해당 가산세의 90%, 3개월 이내면 75%, 6개월 이내면 50%, 1년 이내면 30%, 1년 6개월 이내면 20%, 2년 이내면 10%를 누진적으로 감면해준다.

조세포탈죄로 처벌

조세범처벌법에 따르면 조세포탈죄는 '사기나 기타 부정한 방법으로 세금을 떼어먹거나 환급 또는 공제를 받은 자'에게 적용된다. 물론 처벌하기

---

6 **행정벌(行政罰)** 행정법에서 의무 위반에 대한 제재로 가하는 벌

에 앞서 신중을 기해 세금탈루액이 사기나 기타 부정한 행위에 의한 것인지 여부에 대해 조세범칙조사심의위원회에서 심의를 거친다. 조사 결과 이중장부, 허위 계약, 증빙서류 허위 작성, 부정세금계산서 수수, 기업자금 변칙유출, 상습적인 부동산 투기 등 악의적이고 고의적인 조세범칙행위가 확인되면 국세청장 또는 세무서장이 고발 여부를 판단하는데, 그것이 단순한 무지 또는 실수에 의한 경우라면 조세범 처벌 대상이 되지 않는다. 또 조세범에 대해서는 국세청장 등의 고발이 없으면 검사가 공소를 제기할 수 없는 고발전치주의가 적용된다. 조세포탈범에 대한 처벌 내용은 다음과 같다.

조세포탈범에 대해서는 2년 이하의 징역 또는 포탈세액이나 환급·공제받은 세액의 2배 이하에 해당하는 벌금형에 처하는데, 징역형과 벌금형을 병과할 수 있다. 특히 포탈세액 등이 3억 원 이상이고, 이 금액이 당초 신고납부해야 할 세액의 30% 이상인 경우 또는 포탈세액 등이 5억 원 이상인 경우에는 3년 이하의 징역 또는 포탈세액 등의 3배 이하에 해당하는 벌금형에 처한다. 조세포탈범의 공소시효는 7년이지만, 가중처벌 대상인 경우에는 공소시효가 10년으로 연장된다.

세테크의 기본은 서류 챙기기

일반인들에게 세금 계산 구조나 신고납부 방법은 매우 복잡하게 느껴질 수 있다. 복잡한 세법을 해석하는 일은 전문가가 도와줄 수 있지만 전문가가 해결해줄 수 없는 일도 있다. 세금 계산의 기초가 되는 증빙자료를 챙기고, 이를 장부에 기록으로 남기는 일이다. 절세에 앞서 그에 필요한 증빙이나 기록은 필수다.

다운계약서를 작성했다 곤란에 빠진 A씨

사례 A씨는 3년 전 아파트를 취득하면서 매도자의 요구에 따라 1억 원을 낮춘 다운계약서를 작성했다. 그런데 이번에 그 아파트를 팔면서 고민에 빠졌다. 아파트가 비과세 요건을 충족하지 못해 양도소득세를 내야 하는데, 다운계약서 금액으로 하자니 세금이 무려 2,000만 원이 더 나오기 때문이다. 당시 계약금과 중도금은 계좌이체를 했지만, 잔금을 치를 때 1억 원에 해당하는 금액은 계좌이체를 하지 않았다. A씨는 어떻게 해야 할까?

위 사례는 부동산 거래 시 매수자가 매도자보다 불리한 상황에서 종종 발생하는 일이다. 매수자도 취득 시 계약서상의 가격이 낮아지면 그만큼 취득세[1] 등을 줄일 수 있는 이점이 있어 마지못해 응하게 된다. 하지만 해당 아파트가 양도소득세 비과세 물건이 아니라면 양도시점에 A씨처럼 고민에 빠지게 된다.

A씨의 고민은 2가지다. 첫째는 증빙이 있는 다운계약서대로 신고하자니 무려 2,000만 원의 세금을 억울하게 더 내야 한다는 점이고, 둘째는 정상거래가로 신고하면 양도소득세를 줄일 수 있는 반면 3년 전 매도자와 분쟁이 발생하게 되는데, 거래대금 중 1억 원에 대한 증빙이 없어 A씨에게 불리하다는 점이다. 설사 자기신고가 받아들여진다 해도, 당시 취득세 등을 적게 냈기 때문에 이에 대한 추징 세금과 가산세 부담이 발생할 수밖에 없다.

따라서 A씨가 택할 수 있는 방법은 각각의 경우 발생하는 세금을 비교해 결정하는 것이다. 이 사례에서는 취득세 등의 추징 세금은 300만 원 안팎이지만 추가로 내야 하는 양도소득세는 2,000만 원이므로 정상거래가로 신고하는 것이 유리하다.

그런데 문제는 바로 증빙이다. A씨는 다운계약서가 허위였고, 정상취득가는 1억 원이 더 많았다는 증빙을 갖추지 못했다. 따라서 A씨의 주장은 세무서에서 받아들여지기 어렵다. 이러한 거래에서 가장 중요한 증빙은 매매계약서, 취득세 · 등록면허세[2] 영수증, 수수료 자료, 인테리어 등 시설 개

---

1 **취득세** 부동산이나 항공기, 차량 등 「지방세법」에서 열거하는 자산을 취득할 때 부과되는 세금으로, 취득세와 종전의 등록세를 통합한 것이다. 보통 취득가액의 4%를 부과한다(10장 참고).

2 **등록면허세** 저당권 · 전세권 등 취득과 무관하게 등기 또는 등록하거나 면허 · 인가 · 허가 등을 낼 때 부과되는 세금

보수 관련 세금계산서 등 자료, 매매대금영수증, 계좌이체 기록 등인데, A씨에게는 다운계약서를 뒤집을 만한 명확한 증빙(거래대금 수수 기록)이 전혀 없다. 따라서 A씨는 억울하지만 다운계약서대로 신고하고 양도소득세 2,000만 원을 더 낼 수밖에 없다.

세무 증빙에 필요한 서류들

세법은 납세자에게 각 세법이 규정하는 바에 따라 '모든 거래에 관한 장부와 증빙서류를 성실하게 작성해서 비치해야 한다'라고 정하고 있다. 세무조사나 세액을 결정할 때도 그에 의하도록 하고 있다. 다시 말해 회사는 세테크를 위해 회계장부와 증빙서류를 구분해 작성 · 비치할 의무가 있고, 개인도 증빙서류를 갖추고 있어야 한다. 회사가 작성한 자기거래 기록이 '장부'라면, '증빙'은 자기와 상대방 간의 거래 사실을 증명하는 서류다.

세무상 증빙으로는 세금계산서, 계산서, 신용카드매출전표, 현금영수증 등 정규증빙과 지출 사실이 확인되는 증빙(입금증, 계좌이체 기록), 소득세신고 시 제출한 주요경비 지출명세서, 급여 · 임금, 퇴직금 등에 대한 지급명세서(부득이한 경우에는 지급받은 자의 주소 · 성명 · 주민등록번호, 입금받은 서명날인 서류), 등기 · 등록 또는 명의개서가 필요한 자산의 취득 · 양도와 관련된 기명날인 또는 서명한 계약서의 원본 등이 있다. 세금을 신고할 때는 반드시 앞서 언급한 장부와 증빙서류에 근거해야

하며, 그렇지 않을 경우 세금 추징과 가산세 부담을 피할 수 없다.

국세청은 생각보다 많은 자료를 가지고 있다

몇몇 공적기관이 파악하고 있는 과세자료가 국세청에 정기적으로 제출된다는 점도 알아둘 필요가 있다. 특히 국가기관이나 지방자치단체는 물론 보험공단, 금융기관, 한국공인회계사회, 지방변호사회, 한국세무사회, 여신전문금융협회 등도 매년 일정 기한까지 국세청에 영업·판매·생산·공사 등의 실적, 보험급여, 수수한 세금계산서 등 과세자료를 제출해야 하는 의무가 있다. 국세청은 이런 자료를 바탕으로 세금을 신고하지 않거나 적게 신고한 자의 소득을 파악해 과세할 수 있으므로 유의해야 한다.

세무전문가를 공짜로 활용하는 법

법은 그물망처럼 우리의 삶을 촘촘히 둘러싸고 있다. 평상시에는 느끼지 못하다가 어떤 일을 계기로 법의 그물망에 걸려들면, 그물에 갇힌 물고기처럼 놀라서 몸부림치다 큰 상처를 입을 수 있다. 법의 그물이 어디에, 어떤 형태로 있는지 모르므로 보통 사람들이 법의 그물망에서 상처를 덜 받기 위해서는 해당 전문가의 도움을 받을 수밖에 없다.

교통법규처럼 단순한 법조차도 다툼이 일어나 깊이 들어가보면 너무나 복잡해 잘잘못을 가리기 어렵듯, 단순해 보이는 세법 조항이라도 적용할 때 그것이 절세인지 탈세인지를 가르는 일은 결코 쉽지 않다. 그렇기 때문에 세무전문가의 도움이 절실해지는 때가 종종 발생한다.

간단해 보이지만 해결이 어려운 세법 문제

사례 서울에 사는 B씨는 재작년에 살던 아파트를 팔면서 양도소득세[1]를 신고하지 않았다. '1세대 1주택 비과세'[2]에 해당된다고 생각해 그냥 넘어간 것이다. 그런데 올해 양도소득세 고지서가 나와 세무서에 물어보니, 보유기간 2년 요건을 갖추지 못했다는 답변이 돌아왔다. 곰곰이 생각해보니 잔금을 치른 뒤 등기이전을 했는데, 잔금일 기준으로 2년이 지나지 않았다. B씨는 억울하게도 불과 며칠 차이로 1,000만 원이 넘는 양도소득세와 가산세를 부담하게 된 것이다.

1세대 1주택에 해당하는 주택을 2년 이상 보유하면 양도소득세를 과세하지 않는다는 규정이 있다. 이는 보유(거주)기간 2년을 단 하루라도 채우지 못하면 과세한다는 의미다. 매우 단순한 것 같지만 해당 기간을 언제부터 언제까지로 정하고 있는지 정확히 모르면 단 1일 차이로 내지 않아도 되는 세금을 내야 한다.

따라서 세금 문제가 발생했을 때는 사전에 전문가와 상담하고 세무 처리를 해야 손실을 예방할 수 있고, 세금을 절약할 수 있다. 세금 문제에 대한 전문적이고 구체적인 상담은 조세전문가인 공인회계사, 세무사 등에 의뢰하는 것이 좋다. 그리고 세금 문제에 대한 일반적인 상담은 국세청이나 지

---

1 **양도소득세** 부동산이나 특정주식 등 세법에서 정한 재산을 양도할 때 양도금액에서 취득금액 등을 뺀 양도소득에 대해 부과하는 세금(31장 참고)

2 **1세대 1주택 비과세** 1세대가 주택 1채를 2년 이상 보유(거주)하다가 해당 주택을 양도하는 경우 양도가액이 12억 원을 넘지 않으면 양도차익이 있다 하더라도 양도소득세를 과세하지 않는 것을 말한다(35장 참고).

방자치단체에서 운영하는 기관을 이용하면 된다.

국세청 홈택스 국세상담센터

국세청에서는 고객들을 위해 무료로 세무 상담을 진행하고 있다.

- 전화 상담: 국번 없이 126(토, 일, 공휴일 제외)
- 인터넷 상담: 국세청 국세상담센터 홈페이지를 통해 궁금한 사항 문의
- 상담 사례 검색: 국세청 국세상담센터 홈페이지에서 기존 세법, 홈택스 상담 사례 검색

▲ 국세청 국세상담센터(call.nts.go.kr)

지방세는 해당 시 · 군 · 구청 세무과

취득세 · 재산세 등의 지방세는 국세와 달리 세무서가 아니라 시 · 군 · 구청 세무과나 해당 기관의 홈페이지를 통해 상담받을 수 있다.

국세청 징세법무국 법규과

법령 해석에 의문이 생겼을 때는 서면질의나 세법해석사전답변제도를 이용하는 것이 좋다. 서면질의란, 납세자가 국세청장에게 일반적인 세법해석과 관련하여 문서로 질의하면 서면으로 답변을 주는 제도다. 세법해석 사전답변이란, 납세자가 '실명'으로 자신과 관련된 특정한 거래의 세무 관련 의문사항에 대해 사전(법정신고기한 전)에 구체적인 사실관계를 명시하여 질의할 경우 국세청장이 명확하게 답변을 주는 제도다.

서면질의의 경우, 문서(서면질의 신청서)로 신청해야 하며 우편, 팩스, 인터넷(홈택스), 직접 방문의 방법으로도 신청할 수 있다. 세법해석 사전답변의 경우, 문서(세법해석 사전답변 신청서 및 세법해석 사전답변 신청대상 검토표)로 신청해야 하며 우편, 전자(홈택스), 직접 방문의 방법으로도 신청할 수 있다. 우편으로 신청할 경우 접수처는 '세종 국세청로 8-14 국세청 법규과 세법해석 담당자(우: 30128)'다.

국선대리인이 선정되는 경우

납세의무자가 상속 · 증여세 및 종합부동산세 외 세금에 대하여 이의신청이나 심사청구, 심판청구를 할 때 경제적 사정으로 대리인 선임이 어려운 경우 국세청이 국선대리인을 선정해준다. 다만 청구인의 종합소득금액이 5,000만 원 이하, 재산보유액이 5억 원 이하, 청구세액이 5,000만 원 이하인 경우에 한한다.

국선대리인을 신청하려면 '국세청 납세자권익24' 홈페이지에 접속해 '권리구제/불복 신청' 메뉴에서 '국선대리인 신청' 페이지를 이용하면 된다.

▲ 납세자권익24(www.nts.go.kr/taxpayer_advocate/main.do)

알아두면 유용한 세테크 사이트

세금이 우리 생활에 상당한 영향을 미치는데도 복잡하고 어렵다고 생각해 관심을 갖지 않는 경우가 많다. 그러다 연말정산이나 집을 사고팔 때처럼 세금과 직접 관련되는 일이 벌어지면 그제야 세금 문제를 고민하게 된다.

다행히 주변에 전문가가 있으면 조언을 구해 적절하게 대응할 수 있지만, 그렇지 않으면 불안해진다. 이때 도움을 받을 수 있는 곳이 바로 인터넷 세금 관련 사이트다. 세무 상담을 하거나 세금 정보를 제공하는 사이트는 무수히 많다. 이 중 세무 상담과 세무 정보 이용이 무료이면서 자주 쓰이는 사이트를 살펴보자.

국세청과 홈택스

우선 즐겨찾기로 등록해두어야 할 곳은 바로 국세청과 국세청이 운영하는 홈택스(www.hometax.go.kr)다. 대한민국의 모든 납세자가 회원이 될 수 있고 세금에 관한 정보가 가장 많으며, 세무 공무원들에게 직접 질의하거나 상담받을 수 있으므로 꼭 알아두어야 한다.

▲ 국세청(www.nts.go.kr)

각종 세법령의 원문 조회, 세금에 대한 계산·조회부터 신고납부 방법, 세무 상담에 이르기까지 세금과 관련된 모든 것이 제공된다. 또한 로그인을 하면 납세자들이 필요로 하는 국세 관련 인터넷 서비스 이용이 가능하고, 집에서도 국세청 업무를 볼 수 있어 매우 유용하다.

조세심판원

▲ 조세심판원(www.tt.go.kr)

억울한 세금 문제가 발생했을 때 도움을 받을 수 있는 곳으로 조세심판원 사이트가 있다. 조세불복과 관련된 절차와 각종 양식을 제공하고 있으므로, 조세불복신청에 앞서 들러보는 것이 좋다.

한국납세자연맹, 한국공인회계사회, 한국세무사회

한국납세자연맹은 조세전문가와 노동운동가 등이 주축이 되어 납세자의 권리찾기 운동에 나서는 단체로, 사회적으로 이해관계자가 많은 세무상 쟁점에 집단적으로 대응할 때 유용한 곳이다.

그 외 세무전문가 사이트로 한국공인회계사회(www.kicpa.or.kr)와 한국세무사회(www.kacpta.or.kr)가 있다.

▲ 한국납세자연맹(www.koreatax.org)

세금신고납부 사이트

각종 세금신고와 납부를 편리하게 할 수 있는 사이트들도 있다. 국세에 해당하는 양도소득세, 종합소득세, 부가가치세, 법인세, 증여세 등 대부분의 세금을 신고납부할 수 있는 홈택스가 대표적이다. 국세와 지방세는 각종 금융기관 사이트를 통해 납부할 수 있으며, 지방세는 위택스를 이용하면 편리하다. 또 세금을 카드로 납부할 때는 카드로택스(www.cardrotax.kr)를 이용해보자.

▲ 위택스(www.wetax.go.kr)

나라가 포기하는 세금도 있다

납세의무자가 내야 할 세금을 계속 납부하지 않으면 어떻게 될까? 평생 동안 세금 납부의무가 따라다니는 것일까? 아니면 일정 기한이 지나면 내지 않아도 되는 것일까?

세법에는 일정 기한이 지나면 세금을 부과할 수 없거나 납부하지 않아도 된다는 조항이 있다. '국세부과 제척(除斥, 배제하여 물리침)기간제도'와 '소멸시효제도'가 바로 그것이다. 각각 사례를 통해 알아보자.

국세부과를 할 수 없는 '제척기간'

사례 부동산 투자자 C씨는 최근 세무서로부터 양도소득세 1억 원을 납부하라는 고지서를 받고 고민에 빠졌다. 6년 전 등기 없이 토지를 양도한 후 양도소득세를 신고하지 않았는데, 이제야 세금 납부 고지가 온 것이다. 사실 C씨는 5년이 지나면 세금을 내지 않아도 된다는 이야기를 듣고 내심 안심하고 있었다. C씨는 1억 원을 납부해야 할까, 납부하지 않아도 될까?

세법에는 정부가 세금을 부과할 수 있는 기한을 정해두고, 그 기간이 지나면 세금을 부과할 수 없도록 하는 '국세부과 제척기간'이 있다. 이러한 제척기간이 없다면 납세의무자는 평생 동안 세금의 굴레에서 헤어나지 못하게 되고, 법질서 또한 장기간 불안정 상태에 놓이게 되어 그에 따른 사회경제적 비용이 커질 것이다.

정상적으로 신고한 경우, 국세부과 제척기간은 경우에 따라 5년 또는 10년이다. 신고를 하지 않거나 비정상적으로 신고한 경우 제척기간은 더 연장된다. 원칙적인 국세부과 제척기간은 다음 표와 같다.

▼ 국세부과 제척기간

구분	내용	제척기간	
		기본	국제거래
일반 세목	정상적으로 신고한 경우	5년	7년
	법정신고기한까지 과세표준신고서를 제출하지 않은 경우	7년	10년
	사기, 기타 부정행위로 국세포탈, 환급·공제받은 경우	10년	15년
상속세, 증여세	정상적으로 신고한 경우	10년	
	• 법정신고기한까지 과세표준신고서를 제출하지 않은 경우 • 사기, 기타 부정행위로 세금포탈, 환급·공제받은 경우 • 법정신고기한까지 과세표준신고서를 제출했으나 거짓 또는 누락신고한 경우 해당 부분	15년	

예외적으로 상속·증여재산이 50억 원을 초과하는 경우에는 국세부과 제척기간이 더 연장될 수 있다. 가령 재산을 다른 사람 명의로 돌려놓았다

가 사망한 뒤 자녀들이 자기 명의로 전환하면서 그 사실이 밝혀진 경우, 거래를 확인하기 어려운 유가증권이나 서화·골동품 등이 상속되거나 증여되어 상속인 또는 수증자가 취득한 경우, 사기나 기타 부정한 방법으로 세금을 포탈하는 경우에는 과세관청이 그 사실을 안 날로부터 국세부과 제척기간이 1년 연장된다.

또 이의신청·심사청구·심판청구·감사원법에 의한 심사청구 또는 「행정소송법」에 의한 소송을 제기한 경우에는 앞서 설명한 일반적인 제척기간이 경과했더라도 그 결정 또는 판결이 확정된 날로부터 1년까지 제척기간이 연장된다.

제척기간은 납세의무가 발생한 줄도 모르고 지내다가 한참 뒤에 납세고지[1]를 받을 경우 발생할 수 있는 정신적·경제적 충격을 완화하기 위한 안전장치이며, 세무당국이 과세권 실행에 게으름을 부리지 않도록 하는 견제장치다. 국세부과 제척기간제도가 과세 당국의 태만에 경종을 울릴 수 있으므로 이는 납세의무자 입장에서는 법적 권리가 될 수 있다.

앞의 사례를 살펴보면, C씨는 미등기양도라는 비정상적인 방법으로 국세인 양도소득세를 포탈했다. 그러므로 양도소득세 확정신고기한인 양도연도 다음 해 5월 31일 다음날(6월 1일)부터 10년이 경과하기 전까지는 세금을 부과할 수 있다. 즉 C씨는 세금을 내야 한다.

---

1 **납세고지** 확정된 세금을 납부기한까지 납부하도록 세무서장이 납세자에게 알리는 절차

국세징수권의 소멸시효

국세부과 제척기간이 세금 부과라는 행정행위의 기한을 정한 것이라면, 소멸시효는 청구권을 행사할 수 있는 권리를 제한하는 제도다. 소멸시효는 오랜 기간 권리를 행사하지 않으면 그 권리를 소멸시키는 제도로, 사회질서의 불안정 상태를 해소하자는 취지로 만들어졌다.

사례 D씨는 사업을 하다 금융위기를 맞아 부도가 나면서, 부가가치세와 소득세를 신고하기는 했지만 자금 여유가 없어 세금을 내지 못했다. 그 후 세무서에서 납부최고[2]를 하다 별다른 조치 없이 세월이 흘렀다. 이렇게 계속 버티면 D씨는 세금을 내지 않아도 되는 것일까?

세법에서는 국세징수권의 소멸시효를 정하고 있다. 즉 국가에서 세금을 징수하는 권리를 행사할 수 있는 때(납세의무가 확정된 때)로부터 5년간 이를 행사하지 않으면 소멸시효가 완료되어 더 이상 세금을 징수하지 못한다. 이때 알아두어야 하는 것은 소멸시효의 기산일(起算日, 일정한 날수를 계산할 때 첫날로 잡는 날)과 중단·정지 사유다. 소멸시효의 기간 계산에 영향을 미칠 수 있기 때문이다.

소멸시효의 기산일은 소득세나 법인세처럼 자진신고납부 세금은 법정신고납부기한의 다음날부터, 종합부동산세처럼 정부가 결정하는 세금은 납세고지에 따른 납부기한의 다음날부터 시작된다.

하지만 소멸시효가 시작되었다 하더라도 정해진 시효기간 동안 징수권

---

2 **납부최고** 세금을 정해진 기간까지 납부하도록 고지하는 절차

을 행사하지 않는 상태가 계속되어야 한다. 만약 시효가 진행되는 중에 국가가 납세고지, 독촉(또는 납부최고), 교부청구·압류처분 등 징수 절차를 진행하면 소멸시효가 중단된다. 따라서 그로 인한 법정기간이 지난 때로부터 새롭게 5년을 기산하게 된다.

한편 시효의 진행 중에 징수유예[3]기간·분납기간·연부연납기간·체납처분 유예기간이 있는 경우에는 그 기간만큼 시효의 진행이 일시 정지되며, 정지 사유가 종료된 후 그전에 지나간 기간과 통산해 5년이 경과하면 시효가 완성된다.

결국 D씨는 소멸시효가 진행되고 있으므로 소멸시효의 중단이나 정지 사유가 발생하지 않는다면 납부최고에 의한 기한 다음날부터 5년이 지나야 비로소 세금 납부의무가 사라지게 된다.

---

3 **징수유예** 납세자에게 납부기한이 되기 전에 법에서 정한 특별한 사정이 발생해 세무서장이 조세징수가 곤란하다고 인정하는 때에 납부기한 등을 연장해주는 특례제도

세금 납부는 나라의 미래에 투자하는 일이다

세테크에 유능한 사람과 그렇지 않은 사람의 차이는 무엇일까? 그것은 세테크에 대한 관심과 노력, 끈기라고 할 수 있다. 많은 사람이 "에이, 귀찮아!"라고 말하며 당연한 권리행사를 포기한다. 이렇게 되면 해당 세금은 납세자의 주머니에서 국고로 귀속된다.

환급된 세금이 무려 6조 7,497억 원

2021년 한 해 동안 납세자의 착오납부 등에 의해 환급된 금액, 불복청구[1]에 의해 환급된 금액은 각각 4조 9,644억 원, 1조 7,853억 원으로, 둘을 합치면 무려 6조 7,497억 원이 넘는다. 2021년 세수결정액이 344조 782억 원이므로 총세금의 약 2%에 해당하는 세금을 잘못 징수했다가 되돌려주었다는 뜻이다. 이를 세분해 살펴보면, 납세자의 착오 또는 이중납부로 돌

1 **불복청구** 세무관서에 의해 위법·부당한 과세처분을 받거나, 필요한 처분을 받지 못함으로써 권리 또는 이익에 침해를 당한 사람이 그 처분의 취소·변경을 청구하거나, 필요한 처분을 청구하는 것

려받은 세금이 9,160억 원, 세무서의 직권으로 경정처분[2]해 돌려준 세금이 3,597억 원, 납세자가 경정청구 또는 불복을 통해 환급받은 세금이 각각 3조 6,887억 원, 1조 7,853억 원이다.

이에 대해 "결국 세금을 더 내는 것이니 애국하는 것 아니야?"라고 자조적으로 주장할 수도 있다. 세금을 '폭탄'이라는 부정적인 이미지로 규정하고, 고의로 탈세하려는 것도 문제이지만 세금에 무관심한 것도 제 권리를 방기한다는 점에서 문제라고 할 수 있다.

또 납세자의 권리의식 약화는 정부에 대한 감시 기능을 약화시켜 무사안일주의, 행정편의주의, 관료주의를 잉태하는 토대가 되기도 한다. 아무도 감시하지 않고 아무도 잘잘못을 따지지 않는다면, 비록 소명의식을 가진 공무원이라 할지라도 일 처리에 긴장감이 떨어지고 실수나 과잉 행정처분이 나올 가능성이 커진다.

세금은 사회와 국가에 대한 투자

세금은 우리 사회의 안전망과 기반시설 구축을 위해 필수불가결한 재정원이라는 점에서 사회와 국가에 대한 투자라 할 수 있다. 국민의 생명과 건강, 생활과 재산을 지켜줄 사회 시스템에 대한 투자로 사회 갈등과 불안을 완화하여 개개인의 자유로운 삶과 능력 발휘를 지원하는 투자인 셈이다.

세금이 투자라면 납세자는 투자자이자 조합원이다. 정부는 투자자이자

---

2 **경정처분** 납세의무자가 신고한 내용 또는 과세관청이 결정한 내용에 오류가 있을 때 세무서장 또는 지방국세청장이 이를 시정하기 위해 행하는 행정처분

조합원인 납세자들로부터 세금이라는 투자를 받아 사회와 국가를 잘 경영해 납세자에게 사회 안전과 삶의 질을 돌려줄 의무가 있다. 그러므로 조합원(납세자)은 경영자(정부)가 투자금을 잘 운용하고 있는지 감시하고, 주기적으로 성과를 평가하여 책임을 물어야 한다. 세테크 마인드가 중요한 것은 단순히 세금 절약에 그치지 않고, 사회 시스템의 정상 작동을 위한 감시자 역할을 하기 때문이다.

억울하게 낸 세금 돌려받는 세테크

권리와 의무는 언제나 함께한다. 권리만 있고 의무가 없다면 세상이 어지러워질 것이고, 의무만 있고 권리가 없다면 숨이 막힐 것이다. 헌법은 '모든 국민은 법률이 정하는 바에 의해 납세의 의무를 진다'고 정하고 있다. 납세의무가 있다면 마찬가지로 세금에 대한 권리도 있다. 억울하게 또는 실수로 더 낸 세금을 돌려받는 권리를 행사하여 세금을 환급받는 것도 세테크의 일종이다. 그렇다면 더 낸 세금을 돌려받는 방법에는 어떤 것이 있을까?

경정청구를 통한 세금 환급

경정청구는 납세의무자가 신고기한 내에 정상적으로 신고납부를 했거나 정부가 결정·경정[1]한 세금 액수가 납부해야 할 금액보다 더 많은 경우,

---

1 **정부에 의한 결정·경정** 국세는 신고납부 방법에 따라 '납세자에 의한 자진신고납부' 세목과 '정부결정' 세목으로 구분된다. 법인세, 소득세, 부가가치세 등 대부분의 세목은 자진신고납부제도를 취하지만, 상속세, 증여세 등은 정부결정제도를 취한다. 하지만 자진신고납부 세목도 신고납부 또는 수정신고를 하지 않으면 정부가 과세표준과 과세액을 수정하게 된다. 기한후신고는 바로 신고기한과 정부결정·경정기간 사이에 이루어지는 절차다.

다시 말해 세금을 더 많이 낸 경우 과세관청이 이를 정정하도록 촉구하는 것으로 납세의무자의 권리다. 다만 경정청구 권리는 제때 행사하지 않으면 사라지므로 다음 표를 참고해 요건과 기한이 맞다면 반드시 행사하는 것이 좋다.

▼ 경정청구 요건과 기한

구분	일반적인 경우	예외적인 경우
청구자격	법정신고기한 내에 세금을 신고한 자	세금을 신고했거나 정부 결정을 받은 자
청구사유	세액을 과대신고(또는 결정)한 경우	후발적 사유로 당초 신고와 결정 등이 과대하게 된 경우
청구기한	법정신고기한 경과 후 5년 이내(결정·경정처분을 안 날로부터 90일 이내)	해당 사유가 발생한 것을 안 날로부터 3개월 이내
청구효과	• 정부는 청구한 때로부터 2개월 이내에 세액의 감액을 결정해야 할 의무가 있음 • 2개월 이내 통지가 없을 경우 불복청구 가능	

표에서 말하는 '일반적인 경우'란 양도소득세를 신고하면서 필요경비를 빠뜨렸거나, 부가가치세를 신고하면서 매입세금계산서신고를 누락했거나 하는 것들이다. 이때는 법정신고기한으로부터 5년 이내에 경정청구를 하면 더 납부한 세금이나 덜 환급받은 세금을 돌려받을 수 있다.

반면 '예외적인 경우'란 신고나 결정 당시에는 고려할 수 없었던 후발적 사유, 즉 판결에 따른 기존 거래 성격의 변경, 조약에 따른 상호합의의 변경, 소득의 귀속자가 달라지거나 계약 해제 등에 따라 애초의 신고 또는 결정 내역이 달라진 것을 말한다. 이때는 사유 발생을 알게 된 날로부터 3개월 이내에 경정청구를 해야 한다.

수정신고와 기한후신고

수정신고는 법정신고기한 내에 신고했지만 내야 할 세금보다 적게 신고했거나 많이 환급받은 경우 납세의무자가 자진해서 이를 정정하는 신고다. 수정신고는 정부가 오류를 시정해 통지하기 전에 행하는 것으로, 확정신고[2] 한 것과 같은 효력이 있다.

기한후신고는 법정신고기한 내에 세금을 신고하지 않은 자가 정부가 세금을 결정통지하기 전에 행하는 신고다. 기한후신고는 확정신고의 효력이 없으므로 기한후신고 내용을 바탕으로 정부가 세액을 결정한다. 수정신고와 기한후신고는 가산세 부담을 줄여주므로 비교적 소극적인 절세법이라고 할 수 있다.

▼ 수정신고와 기한후신고의 가산세 감면율

<table>
<tr><th colspan="2">수정신고 가산세 감면</th><th colspan="2">기한후신고 가산세 감면</th></tr>
<tr><td>신고기한 후 1개월 이내</td><td>가산세의 90%</td><td rowspan="2">신고기한 후 1개월 이내</td><td rowspan="2">무신고가산세의 50%</td></tr>
<tr><td>신고기한 후 1 ~ 3개월 이내</td><td>가산세의 75%</td></tr>
<tr><td>신고기한 후 3 ~ 6개월 이내</td><td>가산세의 50%</td><td rowspan="2">신고기한 후 1 ~ 3개월 이내</td><td rowspan="2">무신고가산세의 30%</td></tr>
<tr><td>신고기한 후 6개월 ~ 1년 이내</td><td>가산세의 30%</td></tr>
<tr><td>신고기한 후 1년 ~ 1년 6개월 이내</td><td>가산세의 20%</td><td rowspan="2">신고기한 후 3 ~ 6개월 이내</td><td rowspan="2">무신고가산세의 20%</td></tr>
<tr><td>신고기한 후 1년 6개월 ~ 2년 이내</td><td>가산세의 10%</td></tr>
</table>

※ 가산세는 과소신고가산세, 초과환급신고가산세, 영세율과세표준신고불성실가산세를 포함

---

2 **확정신고** 납세의무자가 각 과세기간(세금신고 대상 기간)에 대한 과세표준과 세액을 신고하는 절차로, 자신의 조세채무를 확정하는 행위다. 확정신고에 오류·탈루가 있을 때는 수정신고 또는 경정청구를 해야 한다.

법에 의한 권리구제제도

법에 의한 권리구제제도는 납세자에게는 최후의 보루와 같은 절차다. 세금고지 전인지 후인지에 따라 이용하는 제도가 다르므로 구분해서 알아 둘 필요가 있다.

① 세금고지 전에 이용하는 '과세전적부심사제도'

과세전적부심사제도는 세무조사나 서면 확인, 기타 세무서의 과세자료에 따라 추가 고지할 내용이 확인되어 예상 고지세액이 300만 원이 넘을 경우 과세하기 전에 과세 내용을 납세자에게 미리 알려주고, 납세자가 이의를 제기할 경우 타당성심사를 청구할 수 있게 하여 사전에 시정할 수 있도록 하는 제도다. 다만 이 청구는 세무조사결과통지서 또는 과세예고통지서를 받은 날로부터 30일 이내에 당해 세무서장·지방국세청장에게 해야 한다.

한편, 과세 내용에 이의가 없을 때는 가산세 부담을 줄이기 위해 '조기결정신청제도'를 이용할 수 있다. 조기결정신청서를 제출하면 과세전적부심사 청구기간 내에도 즉시 고지를 받게 되어 가산세 부담이 경감되고, 조사가 조기에 마무리되는 효과가 있다.

② 세금고지 후에 이용하는 '조세불복제도'

과세전적부심 청구기한이 경과하여 세금을 고지받은 후에는 다음과 같은 조세불복 절차를 이용하면 된다.

- 이의신청: 세무서 또는 지방국세청에 제기
- 심사청구: 국세청에 제기

- 심판청구: 국무총리실 조세심판원에 제기
- 감사원 심사청구: 감사원에 제기
- 행정소송: 「행정소송법」에 의해 법원에 제기

위와 같은 권리구제 절차를 밟고자 할 때는 1단계로 이의신청·심사청구·심판청구·감사원 심사청구 중 하나를 선택해 청구한다. 1단계에서 구제받지 못하면 2단계로 법원에 행정소송을 제기할 수 있다(다만 이의신청을 한 경우 심사 또는 심판청구 과정을 거쳐야 하므로 전체적으로는 3단계가 된다).

이 경우 반드시 세금고지서 등을 받은 날 또는 세금 부과 사실을 안 날로부터 90일 이내에 서류를 제출해야 한다. 1단계에서 권리구제를 받지 못해 행정소송을 제기하고자 하는 경우에는 결정통지서를 받은 날(또는 결정통지를 받기 전이라도 그 결정기간이 지난 날)로부터 90일 이내에 서류를 제출해야 한다. 만약 이 기간이 지난 후 서류를 제출하면 아무리 청구 이유가 타당하더라도 소송 요건을 갖추지 못해 각하(却下, 국가기관에 대한 행정상 신청을 배척하는 처분)되므로 청구기간은 반드시 지켜야 한다.

③ 심리자료 사전열람제도

불복심리가 진행되는 과정에서 과세관청 또는 납세자 중 어느 한쪽에 유리하게 불복 사건을 심리한다는 의구심을 불식시키고 심리 절차를 보다 공정하고 투명하게 운영하기 위한 제도다. 불복청구 사건 담당 직원이 불복사건보고서 등 심리자료를 위원회에 상정하기 전에 과세처분 관서와 납세자가 열람할 수 있도록 하고, 보충 의견이나 추가 증빙을 제시하면 이를 반영해 위원회에 상정토록 한다.

납세자보호담당관제도를 통한 납세자 권리구제

경정청구를 통한 세금 환급 방법을 이용하면 납세자와 세무서 사이에 다툼이 발생할 여지가 없어 청구 또는 신고와 함께 곧바로 구제된다. 하지만 정부가 부당하게 세금을 부과하거나, 납세자의 경정청구가 부당하게 거부된 경우 또는 처분행위 자체를 하지 않음으로써 납세자의 세금권리가 침해당하는 경우, 불복기간이 지났으나 억울해 고충을 해결하고자 하는 경우라면 '납세자보호담당관제도'를 활용하자.

납세자보호담당관제도는 세금과 관련된 납세자의 권익을 보호하기 위한 제도로, 전국의 모든 세무관서에 설치된 납세자보호실에서 업무를 전담한다.

이 제도는 납세자 권리구제 절차를 잘 모르거나, 공부(公簿, 관청이나 관공서에서 법규에 따라 작성·비치하는 장부)와 실제가 다르거나, 실제로 취득했는데 객관적인 자금 입증이 곤란한 경우, 과도한 세무조사 등으로 인해 억울하게 세금을 낸 경우 납세자 입장에서 구제 방법을 찾아주는 제도다.

이런 상황에 처한 사람은 누구나 국세상담센터(국번 없이 126)에 전화를 걸거나 방문하여 관할세무서 납세자보호담당관과 상담할 수 있다.

납세자 권리구제 절차

과세전적부심사

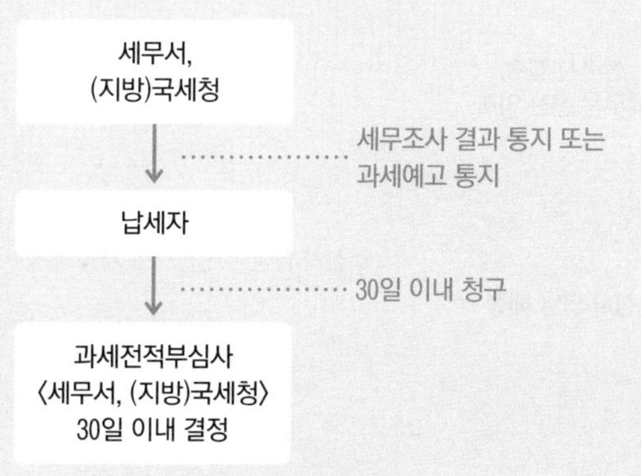

심사·심판청구, 소송

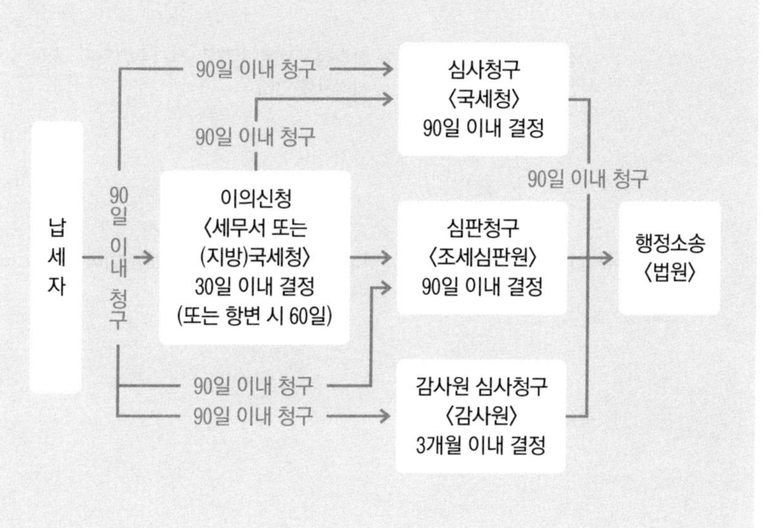

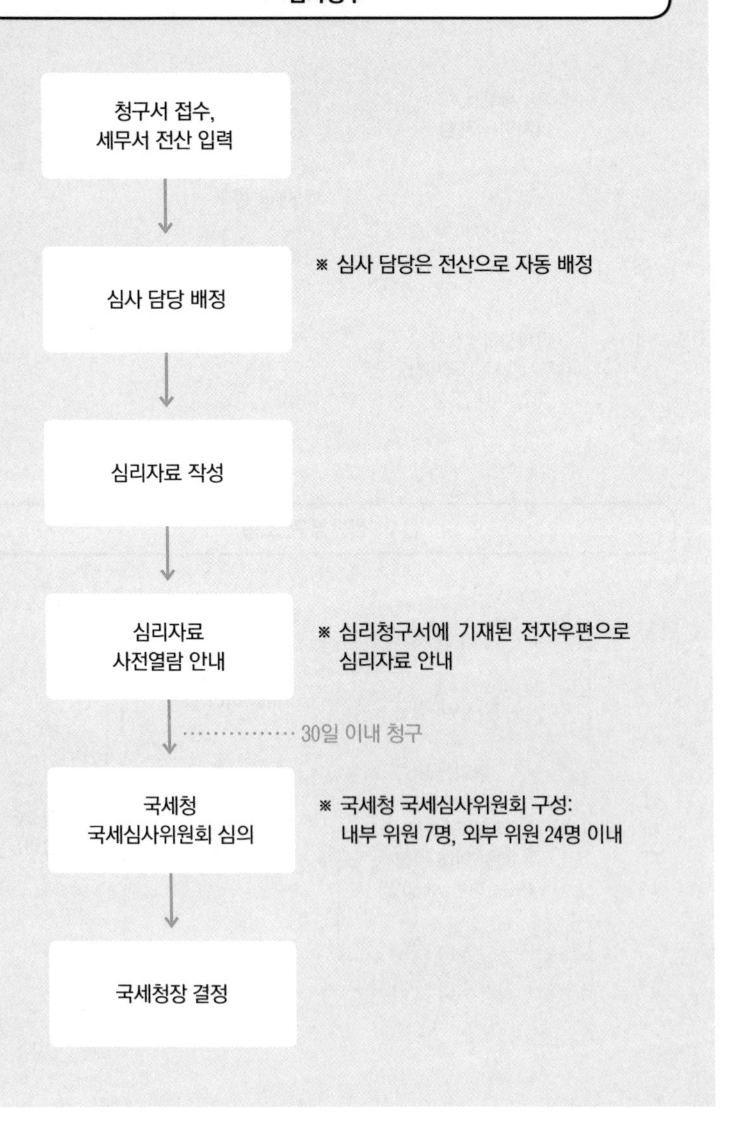
심사청구 결정 절차
심사청구
청구서 접수,
세무서 전산 입력
심사 담당 배정
※ 심사 담당은 전산으로 자동 배정
심리자료 작성
심리자료
사전열람 안내
※ 심리청구서에 기재된 전자우편으로
심리자료 안내
30일 이내 청구
국세청
국세심사위원회 심의
※ 국세청 국세심사위원회 구성:
내부 위원 7명, 외부 위원 24명 이내
국세청장 결정

부동산 관련 세금의 종류와 계산 방식

부동산에 붙는 세금의 종류

부동산과 관련된 세금은 크게 취득세, 재산세, 종합부동산세, 양도소득세, 상속증여세로 나뉜다. 취득세는 지방세로 특정 자산을 취득하고 등록할 때 취득자에게 부과되는 세금이다. 재산세는 지방세로 시·군·구청에 납부하며, 보유한 재산에 부과된다. 종합부동산세도 재산을 대상으로 부과된다는 점에서는 동일하나 그 범위가 토지와 주택 등 부동산만 대상으로 하는 국세라는 점에서 다르다. 종합부동산세는 고액의 부동산에만 부과된다. 양도소득세는 부동산 등을 양도함에 따라 해당 자산을 보유한 기간 동안 발생한 차익, 즉 양도소득에 부과되는 세금이다. 마지막으로 상속증여세는 말 그대로 상속과 증여 시 발생하는 세금이다.

세액은 과세표준과 세율의 곱으로 결정된다

세액은 해당 부동산의 과세표준과 세율에 따라 달라진다. 실제 거래가 이루어질 때 부과되는 취득세와 양도세는 원칙상 실거래가를 기준으로 과세표준을 정하지만, 보유하는 동안 매년 납부하는 재산세와 종합부동산세는 주로 공시가격에 따라, 상속 및 증여세는 실거래가 또는 공시가격 등 세법에서 정한 가격으로 과세표준이 결정된다.

부동산 관련 세율은 크게 부동산의 종류와 수, 금액, 보유기간, 지정지역의 여부에 따라 달라진다. 부동산의 종류는 크게 주택과 상업건물, 토지로 나뉘며, 재개발이 진행된 경우 입주권과 분양권도 종종 거래된다. 주택(입주권 등 포함) 수가 많으면 투기적 목적이 있는 다주택자로 분류되어 세율이 높게 매겨진다. 보통 주택 수의 기준이 되는 것은 세대인데, 1세대란 거주자와 그 배우자, 그들과 동일한 주소 또는 거소에서 생계를 같이하는 가족으로 직계존비속[1]과 형제자매를 포함하며, 취학 · 질병요양 · 근무상 또는 사업상의 형편으로 본래의 주소나 거소를 일시퇴거한 사람까지 포함한다. 주택 수에 따라 1주택, 2주택, 3주택 이상으로 구분하여 세율을 다르게 적용한다.

세율 계산 방식: 단일세율과 누진세율

세금은 과세표준[2] 구간 그리고 적용하는 세율이 단일세율이냐 누진세율이냐에 따라 세금효과가 달라진다. 취득세는 단일세율을 적용하고, 종합부동산세와 양도소득세, 상속증여세는 누진세율을 적용한다. 재산세는 일부 누진세율이 적용되는 경우가 있다.

---

1 **직계존비속** 나를 기준으로 위아래로 가장 가까운 혈족을 뜻한다. 조부모, 외조부모, 부모, 자녀, 손자녀를 포함한다.

2 **과세표준** 세금 계산의 기준이 되는 금액으로, 여기에 세율을 곱해 세금을 계산한다.

단일세율은 과세표준에 그 세율을 곱해 비교적 쉽게 계산할 수 있다. 반면 누진세율은 계산이 조금 복잡하다. 과세표준 구간이 커질수록 적용하는 세율이 높아지고, 세금의 합계는 과세표준 구간별로 정해진 세율을 곱해 계산한 금액을 모두 더해 계산하는 방식이다. 이는 소득이나 재산이 많은 사람들에게 더 높은 세율로 세금을 부과하고, 그렇지 않은 사람은 세금 부담을 줄여주는 과세 정의를 위한 제도라 할 수 있다.

예를 들어, 양도소득 과세표준이 6,000만 원이라면 1,400만 원까지는 6%, 1,400만 원에서 5,000만 원까지인 3,600만 원에는 15%, 5,000만 원에서 6,000만 원까지인 1,000만 원에는 24%의 세율이 적용되어 양도소득세는 864만 원이 된다. 만약 단일세율 24%를 적용한다면 6,000만 원 × 24% = 1,440만 원이 된다. 같은 세율이라도 단일세율과 누진세율로 산출한 금액이 크게 다르다는 사실을 알 수 있다.

▼ 양도소득세의 과세표준별 누진세율표

과세표준 구간	기본세율과 속산표	
1,400만 원 이하	6%	과세표준 × 6%
1,400만 원 초과 ~ 5,000만 원 이하	15%	과세표준 × 15% - 126만 원
5,000만 원 초과 ~ 8,800만 원 이하	24%	과세표준 × 24% - 576만 원
8,800만 원 초과 ~ 1억 5,000만 원 이하	35%	과세표준 × 35% - 1,544만 원
1억 5,000만 원 초과 ~ 3억 원 이하	38%	과세표준 × 38% - 1,994만 원
3억 원 초과 ~ 5억 원 이하	40%	과세표준 × 40% - 2,594만 원
5억 원 초과 ~ 10억 원 이하	42%	과세표준 × 42% - 3,594만 원
10억 원 초과	45%	과세표준 × 45% - 6,594만 원

Common Sense Dictionary
of Reducing Real Estate Tax

1 첫째 마당

부동산 취득 시 세금 재테크

주인이 바뀌는 물건에 붙는 취득세

먼저 취득이란 매매, 교환, 상속, 증여, 기부, 현물출자, 건축, 개수, 공유수면의 매립, 간척에 의한 토지의 조성, 이와 유사한 원시취득, 승계취득 또는 유상·무상을 불문한 일체의 취득행위를 말한다.

그리고 취득세는 일정한 자산을 취득하고 등록할 때 취득자에게 부과되는 세금이다. 특정 자산에 대해 취득세를 부과하는 이유는 소유권이 이전될 때 취득자에게 세금을 징수해 지방재정을 충당하기 위해서다. 또한 자산의 소유권 이전 정보를 파악해 이를 공부상에 등록하여 권리관계를 정리하고, 기타 과세자료를 파악하는 중요한 근거로 이용한다.

취득세의 과세 대상 자산은 세법에서 따로 열거하고 있는데, 크게 부동산, 차량, 기타 각종 권리로 구분된다. 그중에서도 취득세의 과세 대상이 되는 부동산은 다시 토지와 건축물로 나뉜다.

또 부동산 등의 취득세 대상 자산을 보유한 법인의 주주로서 특수관계자 포함 지분이 50%를 넘으면 그 자산의 취득세를 부담할 수 있다.

▼ 취득세 과세 대상 자산

부동산	토지, 건축물
차량 등	차량, 기계장비, 입목[집단적으로 생육되는 지상의 과수(果樹)와 임목(林木), 죽목(竹木)], 항공기, 선박
각종 권리	광업권, 어업권, 골프회원권, 승마회원권, 콘도미니엄회원권, 종합체육시설이용회원권

취득세는 해당 자산을 취득한 자가 취득일로부터 60일 이내(상속취득은 6개월 이내, 증여취득은 3개월 이내)에 해당 자산 또는 납세의무자의 소재지 지방자치단체에 신고납부해야 하고, 이행하지 않으면 가산세를 부담해야 한다.

취득세의 과세표준과 세율

취득세의 과세표준은 취득 당시 해당 자산의 취득가액[1]으로 하고, 취득 당시의 가액은 취득자가 신고한 금액으로 한다. 그러나 취득신고가액이 시가표준액에 미달할 때는 시가표준액을 과세표준으로 하도록 하고 있다.

▼ 시가표준액

토지	개별공시지가(「가격공시및감정평가에관한법률」에 의한 ㎡당 공시가격) × 면적(㎡)
주택	공시가격(단독주택가격, 공동주택가격)
기타 건축물	거래가격, 수입가격, 신축·건조·제조가격 등을 참작해 정한 기준 가격과 종류·구조·용도·경과연수 등을 감안해 시장 군수가 정한 가액

※ 토지의 개별공시지가, 주택의 공시가격이 없을 때는 지방자치단체장이 정한 가액

1 **취득가액(取得價額)** 자산을 취득할 당시의 거래금액

취득세의 세율은 취득 원인에 따라 다음 표와 같이 표준세율이 적용되며, 지방자치단체의 조례에 따라 표준세율의 50% 범위 내에서 가감조정할 수 있다. 취득한 물건의 종류 및 취득 유형에 따라 세율이 매우 다양하므로 유리한 취득 방식이 있는지 사전에 검토할 필요가 있다.

▼ 취득세의 표준세율

<table>
<tr><th colspan="2">취득 원인</th><th>적용세율</th><th>비고</th></tr>
<tr><td rowspan="6">표준세율</td><td>① 상속에 의한 취득</td><td>2.8%(농지 2.3%)</td><td>유언에 의한 증여 포함</td></tr>
<tr><td>② 상속 외 무상(증여) 취득</td><td>3.5%
(비영리사업자 취득 2.8%)</td><td>조정대상지역에 있는 시가표준액 3억 원 이상 주택 증여 시 12%</td></tr>
<tr><td>③ 원시 취득</td><td>2.8%</td><td>신축건물 등</td></tr>
<tr><td>④ 공유물 · 합유물 · 총유물의 분할 취득</td><td>2.3%</td><td></td></tr>
<tr><td>⑤ 기타 유상 취득</td><td>4%(농지 3%)</td><td>매매, 교환, 현물출자 등</td></tr>
<tr><td>⑥ 주택의 유상 취득</td><td>취득가액
• 6억 원 이하: 1%
• 6억 원 초과 ~ 9억 원 이하: {취득가액 × (2/3억 원)−3} ÷ 100
• 9억 원 초과: 3%</td><td>• 오피스텔은 해당 없음
• 가정어린이집, 지역아동센터용 주택도 해당</td></tr>
<tr><td colspan="2">⑦ 과밀억제권역 내 공장신증설 취득</td><td>표준세율 + 4%</td><td rowspan="3">⑦과 ⑧ 동시 적용 시 표준세율의 3배
⑧과 ⑨ 동시 적용 시 표준세율의 3배 + 4%</td></tr>
<tr><td colspan="2">⑧ 대도시 법인설립 및 공장신증설 취득</td><td>표준세율 × 3 − 4%</td></tr>
<tr><td colspan="2">⑨ 고급주택, 고급선박 등 취득</td><td>표준세율 + 8%</td></tr>
</table>

취득세가 중과되는 다주택자와 법인

한편 다주택자와 법인 주택에 대해서는 다음과 같이 취득세가 중과세된다. 특히 대도시의 법인은 부동산 취득 시 취득세 중과세 여부를 꼭 검토해야 한다. 과밀억제권역 또는 대도시에서 법인이 부동산을 취득할 경우 4.4~16%의 무거운 세율이 적용되기 때문이다.

▼ 다주택·법인 주택 취득세 중과

구분	2주택[1]	3주택	법인·4주택 이상
조정대상지역	8%	12%	12%[2]
비조정대상지역	1~3%	8%	12%

1) 일시적 2주택은 1주택으로 과세. 단, 3년 이내에 기존주택을 처분하지 않을 때는 차액 추징
2) 다주택자로서 시가표준액 3억 원 이상 주택을 증여받는 경우

다주택 중과에서 제외되는 경우도 있는데, 공시가격 1억 원 미만 주택, 가정어린이집, 노인복지주택, 농어촌주택, 국가등록문화재주택, 공공지원 민간(공공매입)임대주택, 미분양주택, 사원임대용주택 등은 취득 시 중과되지 않는다.

한편, 사치성 부동산 등의 취득에 대해서는 다음 표와 같이 취득세를 중과한다.

구분	세율
골프장, 고급오락장, 고급주택 등의 취득	표준세율 + 8%
과밀억제권역 내 본점·주사무소 사업용 부동산 취득·공장의 신증설의 경우	표준세율 + 4%

취득세를 비과세하는 경우

국민주택규모(1986년 1월 1일부터 2000년 12월 31일까지 신축된 주택 또는 1985년 12월 31일 이전 신축된 공동주택으로 1986년 1월 1일 기준으로 입주 사실이 없는 전용면적 85㎡ 이하 주택) 이하로서 취득 당시 시가표준액이 9억 원 이하인 공동주택의 개수(改修, 보수공사, 대수선은 제외)로 인한 취득에 대해서는 취득세를 면제한다.

또한 국가·지방자치단체 등이 취득하거나 그에 귀속 또는 기부채납[2]을 조건으로 취득하는 부동산이나 사회기반시설 그리고 법률에 의한 동원대상지역 내 토지의 수용·사용에 관한 환매권의 행사로 취득하는 부동산에 대해서는 취득세를 부과하지 않는다.

존속기간이 1년 이하인 임시흥행장, 공사현장사무소 등 임시건축물의 취득에 대해서도 취득세를 부과하지 않는다.

천재지변으로 인해 건축물이나 선박, 자동차 등이 멸실 또는 파손되어 그 때로부터 2년 이내에 대체물을 취득할 경우에도 취득세를 부과하지 않는다.

신탁(신탁법에 따른 신탁으로 신탁등기가 병행되는 것만 해당)에 의한 취득으로 위탁자에서 수탁자로(또는 신수탁자), 신탁의 종료 등에 의한 수탁자에서 위탁자로 신탁재산을 이전하는 경우 취득세를 비과세한다. 다만 신탁재산의 취득 중 주택조합 등과 조합원 간의 부동산 취득 및 주택조합 등의 비조합원용 부동산 취득은 제외한다. 또 취득가액이 50만 원 이하인 경우에는 과세최저한제도[3]에 따라 취득세를 부과하지 않는다.

---

2 **기부채납** 국가 또는 지방자치단체가 무상으로 재산을 받아들이는 것

3 **과세최저한제도** 소액부징수와 유사한 것으로 과세소득, 과세가액이 일정 금액에 미달할 경우 과세하지 않는 제도다. 기타소득금액이 매 건마다(연금 외 수령 시 제외) 5만 원 이하이거나 상속세·증여세 과세표준이 50만 원 미만일 때, 간이과세자의 공급대가가 3,000만 원 미만일 때는 해당 세금의 납부의무를 면제하고, 취득가액이 50만 원 이하일 때는 취득세를 부과하지 않는다.

부동산 취득 전부터 취득자금을 계획해야 한다

부동산 산 돈 어디에서 났나요?

부동산을 취득하려면 꽤 큰 자금이 필요하다. 하지만 부동산 취득자금의 원천에 따라 세금 문제가 불거질 수 있다. 국세청이 취득자금 출처를 조사할 수도 있고, 해당 자금이 자력(自力)에 의한 것이 아닐 경우 타인으로부터 빌리거나 증여받은 것으로 간주할 수 있기 때문이다. 따라서 부동산을 취득하기 전에는 취득자금에 대한 사전계획이 필요하다.

사례 서울에 사는 E씨(51세)는 생애 처음으로 10억 원의 아파트를 취득했다. 그런데 취득하고 1년 뒤에 관할세무서에서 증여세 혐의가 있으니 취득자금을 소명하라는 안내문을 받았다. E씨는 어떤 자료를 어떻게 소명해야 할까?

국세청은 재산취득자 또는 채무자의 직업, 연령, 소득 및 재산 상태 등을 고려하여 자력으로 재산을 취득했는지, 채무 상환이 가능한지를 확인한다. 자력에 의한 재산 취득을 인정하기 어려운 경우, 해당 자금을 증여받은 것으로 보아 증여세[1]를 추징한다.

E씨는 자금출처에 대한 소명을 요청받고 무엇부터 해야 할지 몰라 회계사 친구에게 물었다. 친구는 다음과 같은 표를 보여주면서 취득자금 소명자료를 준비하라고 조언해주었다.

▼ 국세청이 자력 취득 또는 상환으로 인정하는 범위의 금액과 증빙서류

구분	인정 범위	증빙서류
기보유재산 처분액	처분가액 - 양도소득세 등	매매계약서
이자, 배당, 기타소득	총지급액 - 원천징수세액	원천징수영수증
사업소득	소득금액 - 소득세 상당액	소득세신고사본
근로소득	총급여액 - 원천징수세액	원천징수영수증
퇴직소득	총지급액 - 원천징수세액	원천징수영수증
임대보증금	보증금 또는 전세금	임대차계약서

E씨는 취득자금 10억 원의 자금 원천을 하나씩 정리해보았다. 그리고 임대차계약서상의 전세보증금 7억 원, 은행차입금 2억 원, 최근 수년간의 근로소득 증빙을 통해 취득자금 출처를 소명할 수 있었다. 관할세무서는 소명자료를 살펴보고 문제가 없다는 결론을 내리고 증여추정 혐의 건을 마무리했다.

출처가 확인되지 않으면 증여세를 내야 한다

국세청은 정기적으로 재산 취득이나 채무 상환 자금 출처에 대한 서면

---

1 **증여세** 재산이 무상으로 이전되는 경우 부과되는 조세로, 생전에 이전된다면 증여, 사후에 이전된다면 상속으로 분류된다.

분석 대상자를 관할세무서에 통보한다. 관할세무서는 이를 서면 검토한 뒤 서면 확인 대상자와 실지 조사 대상자로 분류하여 대상자에게 자금출처 소명을 요청하고, 소명되지 않은 금액에 대해서는 증여세를 추징한다.

E씨처럼 큰 규모의 자금이 필요한 부동산 취득 또는 차입자금을 상환할 때는 사전에 해당 자금에 대한 증빙자료를 확인하여 준비해둘 필요가 있다.

자금출처가 입증되지 않을 경우에는 증여세 또는 상속세가 추징될 수 있다. 만약 개인 간 차입에 의한 것이라면 자금을 대여한 사람에게는 이자소득이 되므로 소득세 추징도 가능하다.

증여추정 배제 기준

하지만 일정 금액 이하에 대해서는 증여추정을 배제하고 자력 취득으로 인정해준다. 다음 표는 자금출처 소명이 충분하지 않아도 증여추정을 하지 않는 경우에 따른 기준금액이다.

구분	취득재산		채무 상환	총액한도
	주택	기타 자산		
30세 미만	5,000만 원	5,000만 원	5,000만 원	1억 원
30~40세	1억 5,000만 원	5,000만 원	5,000만 원	2억 원
40세 이상	3억 원	1억 원	5,000만 원	4억 원

부동산 명의에 따라 세금이 달라진다

아파트를 분양받거나 새집을 장만할 때 해당 주택을 누구 명의로 할 것인가, 즉 소유권 등기를 누구 이름으로 할 것인가 고민하게 된다. 가끔 소유자 명의를 두고 갈등이 생기기도 하고, 향후 양도소득세나 상속증여세에도 영향을 미치므로 신중하게 따져보고 결정하는 것이 좋다.

등기부상의 부동산 소유권은 대외적·공적 재산권을 나타내는 공식적인 기록이므로, 실질에 맞게(사실 그대로) 하는 것이 원칙이다. 단순히 이름만 빌려주었더라도 이후 법적 분쟁과 세금 처리를 명의자에게 징수하기 때문이다.

부부가 주택을 새로 취득하면 누구 명의로 할 것인지 고민하는 경우가 많은데, 법적으로 본다면 결혼 이후에 취득한 재산은 부부 공동 노력의 산물이므로 실질이 그렇다면 부부 공동명의로 하는 것이 가장 바람직하다. 물론 결혼 전에 개인이 모은 자금으로 부동산을 취득한 경우라면 공동 노력의 산물이 아니므로, 이때는 단독명의가 자연스럽다.

이러한 법적 재산권이나 윤리적인 측면은 배제하고, 단독명의로 할 때와 지분율 5:5 공동명의로 할 때를 세금 측면에서만 비교해보자.

단독명의와 공동명의일 때 세금은 어떻게 달라질까?

(사례) F씨는 결혼 10년 차로 서울 소재 12억 원 상당의 아파트 1채를 처음으로 분양받아 등기를 앞두고 있다. 1세대 1주택인 이 아파트 소유권 등기를 F씨 단독명의로 할 것인지, 아니면 남편과 공동명의로 할 것인지 고민 중이다. 어떻게 하는 것이 좋을까?

먼저 취득세는 과세 대상 물건을 한 사람이 소유하든 여러 사람이 소유하든 물건 전체 가액을 기준으로 세율을 적용하므로 차이가 없다.

재산세도 주택의 경우 주택 전체의 가격을 대상으로 하기 때문에 공동소유에 따른 실익이 없다. 종합부동산세의 과세 대상도 재산세와 같지만 주택의 경우 주택 전체가 아닌 소유자별로 합산하여 과세하므로, 공동명의로 할 때 유리할 수 있다.

사례를 보면 단독명의일 경우 1세대 1주택에 해당하므로, 종합부동산세를 계산할 때 해당 주택의 공시가격에 공정가액비율을 곱한 과세표준 9억 원 초과분에만 과세한다. 공동명의로 1주택일 경우 인별로 과세표준이 6억 원을 초과하면 과세하므로, 공동명의로 하는 것이 유리하다.

반면 양도소득세는 지분별로 양도차익을 별도로 계산하여 과세표준을 구하기 때문에 양도차익에 따른 과세표준이 일정 금액(1,400만 원)을 초과할 경우 단독 소유보다 공동 소유일 때 과세표준이 줄어들어 구간별 적용세율이 낮아지고, 세금도 줄어드는 효과가 있다.

상속세와 증여세도 공동명의로 할 경우 세율을 낮추는 효과가 있어 유리하다. 이처럼 부동산을 취득할 때 단독명의 또는 공동명의 여부에 대한 사전 검토가 필요하다. 일반적으로 여러 세금을 검토한 뒤 모두 합쳐보면 단독명의보다 공동명의로 소유권을 등기할 때 상대적으로 더 절세가 가능하다.

▼ 단독명의일 경우와 공동명의일 경우 세금 비교

구분	단독명의(1세대 1주택)	공동명의 1주택
취득세	과세표준이 물건 전체 취득가액이므로 동일	
재산세	과세표준이 물건 전체 시가표준액(공시가격)이므로 동일	
종부세	12억 원 초과액에 과세	인별 9억 원 초과 지분에 과세
양도세	물건 전체 가격 차익에 과세	지분별 차익에 과세
상속증여세	물건 전체 자산 가격에 과세	지분별 상속재산에 과세

취득시점에 따라 세금이 달라진다

부동산 취득시점은 언제일까?

부동산을 취득할 때는 금액이 크고 이사 등 여러 가지 준비 과정이 필요하기 때문에 계약시기와 최종 잔금지불시점, 등기시점이 달라지는 경우가 많다. 그렇다면 언제 취득했다고 볼 것인가?

세법에서는 취득시기를 별도로 정해두고 있다. 취득시기를 기준으로 과세 여부, 세금신고 및 납부기한, 보유기간 등을 계산하기 때문이다. 보통 취득시점은 계약을 한 시점이 아니라 잔금지불시점 또는 등기시점, 어떤 경우에는 사용인허가 시점을 말하기도 한다. 따라서 부동산 취득 전에 취득시기는 언제인지, 조정이 가능하다면 언제로 할 것인지 미리 검토하고 진행하는 것이 좋다.

취득시기를 조절하면 세금을 덜 낼 수 있다

다음 표를 통해 세금별로 취득시기와 신고기한을 어떻게 정하고 있는지 알아보자.

▼ **부동산 거래 세금 부과 기준일**

구분	납세의무자의 취득·양도시기	신고(납부)기한 등
취득세	• 잔금지급일과 등기접수일 중 빠른 날 • 건축취득: 사용승인일, 사실상 사용일, 사용 검사받은 날 중 빠른 날	취득일로부터 60일 이내
	상속개시일[1]	취득일이 속하는 달 말일부터 6개월 이내
양도 소득세	• 대금청산일과 등기접수일, 명의개서일 중 빠른 날 • 장기할부조건: 등기접수일, 인도일 또는 사용수익일 중 빠른 날	양도일이 속하는 달 말일부터 2개월 이내
재산세	매년 6월 1일 현재 부동산의 실질소유자[불분명한 경우 공부상 소유자, 주된 상속자(상속등기가 안 된 상속재산)]	• 토지: 매년 9월 16~30일 • 주택: 1차분(세액의 1/2) 매년 7월 16~31일, 2차분(세액의 1/2) 매년 9월 16~30일 • 기타 건축물: 매년 7월 16~31일
종합 부동산세		매년 12월 1~15일 납부
상속세	상속개시일	취득일이 속하는 달 말일부터 6개월 이내
증여세	등기일, 사실상 소유권취득일, 건물사용승인서 교부일 또는 사용일 등	취득일이 속하는 달 말일부터 3개월 이내

1) 상속개시일: 피상속인의 사망일, 실종선고일

취득세는 원칙상 취득일로부터 60일 이내에 신고납부를 해야 한다. 이 기간을 넘기면 가산세가 발생하므로 유의해야 한다.

재산세 또는 종합부동산세는 과세기준일인 매년 6월 1일 과세 대상토지 또는 주택을 소유하고 있는 자에게 부과된다. 따라서 대상 부동산을 취득할 때는 취득시점을 6월 2일 이후로 하는 것이 유리하고, 반대로 해당 부동산을 처분할 때는 5월 31일 이전에 하는 것이 좋다.

양도소득세는 보유기간에 따라 비과세 여부와 장기보유특별공제율이 달라진다. 해당 보유기간은 취득시점부터 처분시점까지다.

상속세는 상속재산의 등기와 무관하게 상속개시일, 즉 피상속인의 사망일 또는 실종선고일을 기준으로 상속재산을 평가하고, 기준일이 속하는 달 말일부터 6개월 이내에 신고납부를 해야 한다.

증여세도 마찬가지로 취득일이 속하는 달 말일부터 3개월 이내에 신고납부해야 가산세를 부담하지 않는다.

이처럼 부동산의 취득시점은 세금에 많은 영향을 미친다. 그러므로 부동산을 취득할 때는 언제가 좋을지 미리 검토한 뒤에 결정해야 한다. 물론 처분할 때도 마찬가지다.

등록면허세 세테크

등록면허세는 재산권이나 기타 권리의 설정·변경 또는 소멸에 관한 사항을 공적(公的) 장부(帳簿)에 등기하거나 등록할 경우(취득세 과세 대상 등기·등록은 제외, 광업권·어업권 등의 취득 등기는 포함)와 면허·허가·인가·등록·지정·검사·검열·심사 등 특정한 영업설비 또는 행위에 대한 권리의 설정, 금지의 해제 또는 신고의 수리(受理) 등 행정청의 면허를 받으려는 자에게 부과되는 지방세다.

등록면허세의 과세표준은 등기·등록 당시의 가액으로 등기·등록자가 신고한 금액으로 한다. 하지만 신고하지 않거나 신고한 금액이 다음 표의 시가표준액에 미달할 때는 시가표준액을 과세표준으로 한다.

▼ 부동산 등록면허세의 과세표준

구분	과세표준
토지와 주택	토지: 개별공시지가, 주택: 공시가격(단독주택가격, 공동주택가격) • 공시가격이 없을 때는 시장·군수가 결정한 가액
기타 건축물	거래가격, 수입가격, 신축가격 등을 참작해 정한 기준가격에 종류·구조·용도·경과연수 등을 감안해 시장·군수가 결정한 가액

이러한 자산에 대한 등록면허세의 세율은 다음 표와 같은 표준세율로 하지만, 조례로 표준세율의 50% 범위 내에서 가감조정할 수 있다. 다음 표는 우리 실생활과 밀접한 관련이 있는 부동산과 법인등기에 대한 과세표준과 세율을 정리한 것이다. 그 밖의 자산은 과세표준과 세율이 조금씩 다르므로 해당 자산 등록면허세에 대해서는 세법 등을 직접 참고하는 것이 좋다.

▼ 부동산등기에 대한 등록면허세

구분		과세표준	세율	비고
소유권	매매 등 유상이전	부동산가액	2%	세액이 6,000원 미만일 때는 6,000원
	상속에 의한 이전	부동산가액	0.8%	
	증여 등 기타 무상 이전	부동산가액	1.5% (상속이전등기 0.8%)	
	소유권의 보존	부동산가액	0.8%	
소유권 이외의 물권과 임차권[1] 설정, 이전	지상권	부동산가액	0.2%	
	저당권	채권금액		
	지역권	요역지가액		
	전세권	전세금액		
	임차권	월임대차금액		
	경매신청 · 가압류 · 가처분	채권금액		
	가등기	부동산가액 또는 채권가액		

1) 담보추가등기 등 그 밖의 부동산등기는 1건당 6,000원

▼ 법인등기에 대한 등록면허세

구분		과세표준	세율	비고
법인설립, 합병	설립, 불입 자본·출자의 증가	불입액	0.4% (비영리법인 0.2%)	세액이 135,000원 미만일 때는 135,000원 (지방교육세 포함)
재평가적립금의 자본전입(재평가일로부터 3년 이내 자본전입 시 제외)		증자금액	0.1%	

※ 자본금 감소 시 등록면허세는 40,200원(지방교육세 8,040원)

한편, 대도시(과밀억제권역)에서 다음과 같은 부동산등기, 법인등기를 할 때는 일반적인 등록면허세 표준세율의 3배에 해당하는 중과세율을 적용한다. 이는 대도시의 인구, 부동산의 과밀 상태를 방지하기 위한 것이다.

▼ 중과세율 적용 대상

<table>
<tr><td>부동산등기</td><td>• 대도시에서 법인의 설립(휴면법인을 인수하는 경우 포함), 지점·분사무소 설치에 따른 부동산등기와 그 설립·설치 이후 5년 이내의 부동산등기
• 대도시 안으로의 법인의 본점·주사무소·지점·분사무소 전입에 따른 부동산등기와 그 전입 이후 5년 이내 부동산등기
• 대도시 안에서 공장의 신설·증설에 따른 부동산등기</td></tr>
<tr><td>법인등기</td><td>• 대도시에서 법인의 설립(설립 후 또는 휴면법인을 인수한 후 5년 이내 자본 또는 출자액을 증가하는 경우 포함), 지점·분사무소 설치에 따른 법인등기
• 대도시 외의 법인이 대도시 안으로의 본점·주사무소 전입(전입 후 5년 이내에 증자하는 경우 포함)에 따른 법인등기. 이때 전입은 법인설립으로 보아 세율 적용</td></tr>
</table>

등록면허세 비과세

천재지변·소실·도괴 등 불가항력적인 요인으로 멸실·파손된 건축물, 선박, 자동차, 기계장비의 말소등기와 말소등록 시에는 등록면허세를 면제한다. 또한 멸실·파손된 건축물을 복구하기 위한 신축·개축(멸실일 또는 파손일부터 2년 이내)의 건축허가 면허에 대해서도 등록면허세를 면제한다.

부동산 취득세에 부가되는 세금

부동산을 취득하거나 등록할 때는 취득세와 등록면허세만 부담하는 것이 아니다. 거기에 부가되는 세금까지 함께 내야 한다. 취득세와 등록면허세에 부가되는 세금으로는 농어촌특별세와 지방교육세가 있다.

농어촌특별세

취득세에는 농어촌특별세(이하 '농특세')가 따로 붙는다. 농특세를 부과하는 목적은 농어업의 경쟁력 강화와 농어촌 산업기반시설의 확충, 지역개발사업에 필요한 재원을 확보하기 위함이다.

농특세의 과세표준은 대부분 부과된 세금에서 감면된 세액으로 하고 있지만, 감면을 받지 않은 경우에도 본세 자체에 정책적으로 농특세를 부과하기도 하고, 면제하기도 한다. 농특세 과세표준과 세율은 다음 표와 같다.

▼ 농어촌특별세 과세표준과 세율

과세 대상	과세표준	세율
취득세	표준세율을 2%로 한 취득세액	10%
	「조세특례제한법」상 감면세액	20%
법인세, 소득세, 관세, 등록면허세	「조세특례제한법」상 감면세액	20%
이자소득세, 배당소득세	「조세특례제한법」상 감면세액	10%
개별소비세	개별소비세액	10%(30%)
주식양도가액	양도가액	0.15%
레저세	레저세액	20%
종합부동산세	종합부동산세액	20%

표를 보면 취득세에 대한 농특세는 감면세액의 20%가 부과되고, 비감면분에는 10%가 부과된다. 가령 매매 거래에 의한 토지 취득 시 부담하는 농특세를 계산하면, 원래 취득세 표준세율은 4%이지만, 농특세 계산 시에는 기준세율을 2%로 하므로 부과되는 농특세는 0.2%가 된다. 하지만 다음의 경우에는 농특세가 과세되지 않으니 참고하기 바란다.

농어촌특별세 비과세 요건

① 국민주택규모[1] 이하 주택에 대한 취득세 또는 등록면허세(감면분 포함)

② 자경농민의 농지 및 임야에 대한 취득세

③ 상속주택으로서 1가구 1주택의 경우와 상속 농지 등

---

1 **국민주택규모** 주택법상 국민주택기금으로부터 자금을 지원받아 건설되거나 개량되는 주택으로서 주거전용면적 85㎡ 이하(수도권을 제외한 도시지역이 아닌 읍 또는 면 지역은 1호 또는 1세대당 주거전용면적이 100㎡ 이하) 주택을 말한다. 보통 30평형 주택이 이에 해당된다.

지방교육세

취득세와 등록면허세에는 지방교육세가 부가된다. 지방교육세를 부가하는 목적은 지방교육의 질적 향상에 필요한 재원 확보에 있다. 지방교육세 과세표준과 세율은 다음 표와 같다.

▼ 지방교육세 과세표준과 세율

과세 대상	과세표준	세율
취득세, 등록면허세	• 원칙: 취득세 과세표준에 '표준세율 – 2%'로 산출한 세액 • 주택 유상 취득: 취득세율(1%, 2%, 3%) × 50%	20%
재산세	재산세액	20%
자동차세	자동차세액	30%
담배소비세	담배소비세액	50%

표를 보면 취득세, 등록면허세에 대한 지방교육세는 '취득세 표준세율 – 2%'에 해당하는 세액의 20%를 부과하되, 유상으로 주택을 취득하는 경우에는 취득가액별 '취득세율(1~3%) × 50%'에 20%의 지방교육세율을 적용한다.

이렇게 보면 매매에 의한 부동산의 유상거래인 경우 취득세는 원칙적으로 본세 4%에 부가세인 농특세 0.2%와 지방교육세 0.4%를 합해 4.6%를 부담한다. 하지만 매매에 의한 주택을 취득하는 경우 세금이 훨씬 작아진다.

부동산 취득 시 발생하는 세금 총정리

다주택이 아닌 경우 부동산 취득 시 발생하는 모든 세금을 표로 정리하면 다음과 같다.

▼ **부동산 취득 시 부담하는 세율**

부동산 및 취득의 종류				취득세율	농어촌 특별세율	지방교육 세율	합계 세율
주택 (유상 취득)	6억 원 이하	85㎡ 이하		1%	–	0.1%	1.1%
		85㎡ 초과			0.2%		1.3%
	6억 원 초과 ~ 9억 원 이하	85㎡ 이하		1~3%	–	0.2%	1.2~3.2%
		85㎡ 초과			0.2%		1.4~3.4%
	9억 원 초과	85㎡ 이하		3%	–	0.3%	3.3%
		85㎡ 초과			0.2%		3.5%
토지 및 건물	유상 취득	주택 외		4%	0.2%	0.4%	4.6%
		농지	매매	3%	0.2%	0.2%	3.4%
			2년 이상 자경	1.5%	–	0.1%	1.6%
	무상 취득	증여		3.5%	0.2%	0.3%	4%
		상속	농지	2.3%	–	0.06%	2.36%
			농지 외	2.8%	0.2%	0.16%	3.16%

※ 중과세되는 경우에도 앞서 설명한 방식으로 농특세와 지방교육세 부과

가령 5억 원 상당의 토지를 취득할 경우 부담해야 하는 취득 관련 거래세는 5억 원의 4.6%에 해당하는 2,300만 원이다. 하지만 1주택자가 5억 원의 국민주택을 취득할 경우 취득 관련 거래세는 550만 원(5억 원 × 1.1%)이다.

이처럼 취득과 관련된 거래에는 취득세 등 본세에 더해 농특세, 지방교육세와 같은 부가적인 세금도 있고, 세율도 복잡하기 때문에 전문가와 상담하여 세금 관련 자금을 준비하는 것이 좋다.

부가가치세를 내야 하는 부동산도 있다

어떤 부동산을 취득하느냐에 따라 부담하는 세금의 종류가 달라진다. 감면 등 예외적인 사유를 제외하고 모든 부동산은 취득 시 취득세, 농어촌특별세, 지방교육세를 부담해야 한다. 하지만 어떤 부동산은 취득 시 위 세금에 더해 부가가치세를 부담해야 하는 경우도 있다.

사례 G씨는 노후생활을 위해 퇴직금으로 임대용건물을 취득하려고 하는데, 매매계약서를 보니 부가가치세가 별도로 표시되어 있었다. 공인중개사는 실제로는 부가가치세를 부담하지 않는다고 말하는데 무슨 말인지 이해가 가지 않는다. 매매계약서상의 부가가치세는 무엇일까?

부가가치세는 과세 대상 재화의 공급에 대해 부과되는 세금이다. 여러 부동산 중 부가가치세가 과세되는 것은 무엇인지 살펴보자. 우선 부가가치세는 재화를 취득하거나 소비하는 사람이 부담하는 세금이다. 과세사업자(면세사업자는 해당 없음)가 과세 대상 재화를 공급하는 경우에 발생한다.

부가가치세를 내는 부동산의 요건

① 부가가치세 과세사업자 소유의 부동산, 즉 과세사업용으로 사용하던 부동산이어야 한다.

② 공급하는 부동산이 면세재화 또는 용역이 아니어야 한다. 「부가가치세법」에서 열거하고 있는 면세 부동산은 다음과 같다.

㉠ 토지 또는 전용면적 85㎡ 이하 주택

㉡ 은행이나 서점 등 부가가치세 면세업에 사용하던 건물

③ 사업의 포괄양수도 방식으로 양도하는 부동산이 아니어야 한다.

위 사례의 경우 부가가치세 과세사업인 임대사업 목적으로 임대용건물과 토지를 취득하는 경우에 해당하고, 부가가치세를 별도로 표시한 금액으로 계약을 진행하고 있으므로 당해 건물 공급가액의 10%에 해당하는 부가가치세를 부담해야 한다. 이때 건물 부속토지는 면세재화이므로 부가가치세가 면제된다.

G씨가 건물을 취득할 때 부담해야 하는 부가가치세는 임대사업자로서 부가가치세신고를 통해 매입세액공제를 받을 수 있으므로 사실상 부담하지 않는 것과 같다. 즉 취득할 때 부담한 부가가치세는 나중에 환급받기 때문에 부가가치세 부담은 없는 셈이다.

하지만 만약 G씨가 당해 건물을 매입한 뒤 국민주택으로 임대하면 G씨는 면세사업자가 되므로 매입 시 부담한 부가가치세를 환급받지 못하고 그만큼 건물취득금액이 늘어나게 된다.

사업용부동산을 취득할 때는 거래 방식을 명확하게 명시하라

개인 간에 아파트나 주택을 거래할 때는 부가가치세 문제를 고민하지 않아도 되지만, 사업용부동산을 거래하려 한다면 부가가치세를 사전에 반드시 검토해야 한다. 특히 금액이 큰 부동산을 거래할 때는 부가가치세 금액도 매우 커지기 때문에 세금계산서를 제때 정확한 금액으로 발급받아야 문제가 되지 않는다.

부동산 취득계약서(매매계약서 등)는 부동산을 취득할 때 양도자와 취득자 사이에 거래하는 부동산에 관한 권리 의무관계를 문서화한 것이다. 계약서에 부가가치세를 어떻게 할 것인지 정확히 명시해야 나중에 부가가치세 문제로 인한 다툼을 방지할 수 있다. 특히 세금계산서 발행 없는 포괄양수도 방식으로 양도할 때는 취득자가 과세사업자일 때만 부가가치세 없이 거래할 수 있고, 면세사업자일 때는 세금계산서와 함께 부가가치세를 부담해야 한다는 점도 알아두어야 한다. 물론 취득세 등 부동산 취득자가 납세의무자로서 당연히 내야 하는 세금은 굳이 명시할 필요가 없다.

상가나 사무실 등 임대용부동산과 같은 과세사업용부동산을 거래할 때는 부가가치세 부담 여부에 따라 포괄양수도 방식의 거래와 일반적인 거래 방식, 2가지 방식의 거래가 가능하다. 부가가치세가 면제되는 주택이나 토지는 상관없다. 각각의 방식으로 거래할 때 유의해야 할 사항을 구체적으로 알아보자.

포괄양수도 방식의 거래

이 거래는 「부가가치세법시행령」 제23조에 따른 것으로 부동산 거래 시 부동산과 관련된 사업에 대한 모든 권리와 의무를 포괄적으로 승계시키는 방식이다.

이 거래는 「부가가치세법」상 재화의 공급에 해당하지 않아 세금계산서를 발행하지 않아도 되고, 거래에 따른 부가가치세를 주고받지 않아도 된다. 즉 양도자는 취득자에게 양도 부동산 중 부가가치세가 과세되는 건물분에 대한 부가가치세를 징수하지 않고 거래해도 세법상 문제가 없으므로, 취득자 입장에서는 자금 부담이 적어서 좋다. 다만 이 거래를 하려면 양도자가 과세사업자여야 하고, 취득자도 과세사업자 또는 과세사업예정자여야 한다. 이 거래는 계약서에 정확히 명시해야 나중에 다툼이 생겼을 때 책임관계를 분명히 할 수 있다.

포괄양수도 해당 매매계약서 비고란에 다음과 같은 특약사항을 기재하면 된다.

'상기 부동산 매매 거래는 「부가가치세법시행령」 제23조에 따른 포괄양수도 거래로, 세금계산서를 발행하지 않는다. 양도자와 양수자는 포괄양수도계약서를 작성한다. 양도자는 사업 양도 후 부가가치세 확정신고 시 사업양도신고서를 제출하고, 양수자는 사업자등록을 할 때 일반과세사업자로 등록하고 양수도계약서 사본을 제출하며, 계속하여 과세사업을 영위한다. 만약 세무상 포괄사업양수도에 해당하지 않게 된 경우 건물분에 대한 부가가치세는 양수자가 별도로 부담한다.'

양도자가 세금계산서를 발행하고 거래하는 일반적인 방식

이 거래는 부동산, 즉 토지와 건물에 대한 거래가액의 안분이 중요하다. 건물에 대한 부가가치세를 줄이기 위해 임의로 건물가액을 낮추는 것은 허용되지 않는다. 따라서 전체 거래금액을 토지분과 건물분으로 안분하되, 감정평가액이나 국세청 기준시가를 기준으로 하고 해당 금액에 맞게 세금계산서 등을 주고받는 것이 좋다.

Common Sense Dictionary of Reducing Real Estate Tax

2

둘째 마당

부동산 보유 시 세금 재테크

부동산 보유 시 부과되는 재산세와 종합부동산세

자기 또는 부모님 명의의 재산세[1] 고지서를 받아본 적이 있을 것이다. 재산세 고지서가 나온다는 것은 재산세 과세 대상 재산을 소유하고 있다는 뜻이다. 재산세는 지방세이므로 세무서가 아닌 시·군·구청에 납부해야 한다.

재산세와 종합부동산세[2]는 재산을 대상으로 부과된다는 점에서는 동일하지만 과세 대상의 범위가 다르다. 종합부동산세는 고액의 부동산 보유자에게 부과하는데, 이는 부동산 보유에 대한 사회적 비용을 조세 수입으로 충당하려는 것이다.

재산이 많으면 세금을 2번 낸다

지방자치단체는 매년 6월 1일을 기준으로 부동산 보유자에게 보유 부

---

1 **재산세** 지방세의 하나. 일정한 재산에 대해 부과하며 상속세, 재평가세 등이 있다. 토지에 대한 재산세는 분리과세 대상토지, 별도합산과세 대상토지, 종합합산과세 대상토지로 구분하여 과세한다.

2 **종합부동산세** 지방자치단체가 부과하는 종합토지세 외에 일정 기준을 초과하는 토지와 주택 소유자에 대해 국세청이 별도로 누진세율을 적용해 국세를 부과하는 제도. 줄여서 '종부세'라고 부른다.

동산에 대한 재산세를 부과한다. 고액의 부동산 보유에 대해서는 중앙정부에서 2차로 세금을 부과하는데, 전국의 부동산을 유형별로 구분하여 그 공시가격 합계액을 납세자별로 합산해 기준금액 초과분에 대해 종합부동산세를 부과한다. 이렇게 징수된 종합부동산세는 재정이 어려운 지방자치단체에 전액 교부하도록 해 지방재정의 균형 발전을 꾀한다.

이렇다 보니 부동산 보유자는 재산세와 종합부동산세를 이중으로 부담하는 문제가 발생할 수 있다. 즉 동일한 자산에 대해 유사 목적의 세금을 이중으로 부담하는 것이다. 이 문제를 해결하기 위해 종합부동산세 계산 시 해당 부동산의 재산세액을 공제하도록 하고 있다. 종합부동산세는 결국 재산세 대상자 가운데 고액의 부동산 소유자만을 선택해 재산세에 추가하여 부과하는 것이다.

따라서 재산세 대상이라도 종합부동산세 대상이 아닐 수 있지만, 종합부동산세 대상은 반드시 재산세 대상이 된다.

재산세가 붙는 재산은 따로 있다

모든 재산에 재산세가 부과되는 것은 아니다. 토지와 건축물, 주택, 선박, 항공기에 대해서만 매년 6월 1일 기준으로 소유자에게 부과된다. 여기서 주택이란 주거생활을 영위할 수 있는 구조로 된 건축물과 그 부속토지를 뜻한다. 즉 주택은 재산세 과세 대상 자산으로서 일반적인 토지 · 건축물과 구분된다. 이처럼 주택을 구분하여 과세하는 이유는 주택 보유에 따른 사회적 비용이 크고, 서민들에게 미치는 영향이 크기 때문에 과세표준과 세율에서 다른 부동산과 차등을 두려는 데 있다.

종합부동산세 대상은 고액의 부동산

종합부동산세의 취지는 조세 부담의 형평성과 부동산가격 안정에 있으므로, 대상은 고액 부동산으로 한정하고 주택과 토지로 구분해 과세한다.

주택은 과세기준일 현재 주택분 재산세 납세의무자로서 국내에 있는 재산세 과세 대상인 주택(별장 제외)의 공시가액을 합산한 금액이 9억 원(1세대 1주택자는 12억 원, 법인은 배제)을 초과하는 경우 주택분 종합부동산세를 부담한다.

토지는 과세기준일 현재 토지분 재산세 납세의무자로서 종합합산과세 대상인 경우와 별도합산과세 대상인 경우로 나뉜다. 종합합산과세 대상인 경우 해당 과세 대상토지의 공시가격을 합한 금액이 5억 원을 초과할 때, 별도합산과세 대상인 경우 해당 과세 대상토지의 공시가격을 합한 금액이 80억 원을 초과할 때 종합부동산세가 과세된다.

▼ 재산세와 종합부동산세의 과세 기준

구분		재산세(시·군·구)	종합부동산세(정부)[1]
주택		주택별 대물과세	9억 원[2] 초과금액에 과세 (단독명의세대 1주택은 12억 원)
토지[3]	종합합산과세	납세의무자 개인별로 시·군·구별 토지 합산과세	5억 원 초과금액에 과세
	별도합산과세		80억 원 초과금액에 과세
기타 건축물, 토지		재산별 과세	과세 안 함

1) 종합부동산세는 납세의무자 개인별로 전국에 보유 중인 주택 또는 토지의 공시가격 합산금액 기준, 법인은 공제금액 없음

2) 법인은 1주택 소유라도 6억 원 기본공제에서 배제됨

3) 별도합산과세 대상토지는 주로 사업용건물의 부속토지, 나머지는 종합합산과세 대상토지

건축물, 기타 과세 대상 재산

주택, 건축물, 기타 과세 대상 재산에 대한 재산세를 알아보자. 주택은 별장(부속토지 포함)과 기타 일반주택으로 구분하여 과세한다. 건축물은 골프장, 고급오락장용 건축물, 도시지역 내 주거지역이나 조례로 정한 지역 내 공장용 건축물, 그 밖의 건축물에 과세한다.

토지를 거래하기 전 재산세부터 확인하자

재산의 종류에 따라 부과되는 재산세도 다르다. 각각에 대해 좀 더 구체적으로 알아보자. 먼저 토지에 대한 재산세는 크게 3가지로 구분해 과세한다. 개별 필지별로 과세하는 분리과세 대상토지와 해당 토지를 전국적으로 합산하여 과세하는 별도합산과세 대상토지, 종합합산과세 대상토지가 그것이다. 이를 표로 정리해보면 다음과 같다.

▼ 토지의 종류에 따라 달라지는 재산세

토지 종류	분리과세	별도합산과세	종합합산과세
농지, 목장용지, 임야	○		
골프장, 고급오락장용 토지	○		
공장용지, 공급 목적으로 소유하는 토지	○		
이외 일반건축물 부속토지		○	
그 밖의 모든 토지			○

※ 과세기준일이 건축물 또는 주택이 철거·멸실된 날로부터 6개월이 지나지 않은 경우 그 부속토지를 포함

분리과세, 별도합산과세, 종합합산과세

앞서 언급한 과세 대상토지의 3가지 과세 방법에 대해 간단히 알아보도록 하자.

분리과세 대상토지

분리과세 대상은 아래의 토지로서, 재산세를 분리과세한다.

- 농지: 논, 밭, 과수원을 말한다. 실제 영농에 사용하는 것으로 개인이 소유하는 토지인데, 도시지역 농지는 그린벨트나 녹지지역 안에 있는 농지만을 대상으로 한다.
- 목장용지: 개인 또는 법인이 축산용으로 사용하는 용지로 기준면적 이내의 토지인데, 도시지역 목장용지는 그린벨트나 녹지지역 안에 있는 목장용지만을 대상으로 한다.
- 임야: 산림의 보호 육성을 위해 필요한 임야, 종중 소유 임야
- 공장용지: 읍·면 지역, 산업단지·공업지역에 소재하는 공장용 건축물의 부속토지로 공장입지 기준면적 범위 내 토지를 말한다.
- 공급 목적으로 소유하는 토지: 한국토지주택공사가 분양 또는 임대 목적으로 소유하는 토지 또는 염전으로 실제 사용하고 있는 토지
- 골프장용 토지: 회원제 골프장으로 구분 등록 대상이 되는 토지
- 고급오락장용 토지: 도박장, 유흥주점영업장, 특수목욕장, 기타 이와 유사한 용도에 사용되는 건축물 부속토지

별도합산과세 대상토지

- 공장용 건축물의 부속토지. 단, 군 · 읍 · 면 지역에 소재하거나 산업단지나 공업지역에 소재하는 토지는 제외
- 일반건축물의 부속토지로 바닥면적에 도시지역은 전용주거지역 5배, 준주거지역 · 상업지역 3배, 일반주거지역 · 공업지역 4배, 녹지지역 7배, 미계획지역 4배 그리고 도시지역 외 용도지역은 7배의 적용배율을 곱하여 산정한 범위의 토지(골프장용, 고급오락장용 토지와 건축물의 시가표준액이 부속토지 시가표준액의 2%에 미달하는 토지는 제외)
- 차고용, 창고용, 시험 · 연구 · 검사용, 물류단지시설용 토지 등
- 철거 · 멸실된 건축물 또는 주택부속토지로 멸실된 때로부터 6개월 이내의 토지

종합합산과세 대상토지

과세기준일 현재 납세의무자가 소유하고 있는 토지 중 위에서 말한 분리과세 대상토지 또는 별도합산과세 대상토지가 아닌 토지로서 비과세 · 면세, 경감 대상토지를 제외하는데, 보통 지상 정착물이 없는 나대지, 잡종지 등의 토지를 말한다.

재산세의 과세표준과 세율

재산세를 결정하는 시가표준액

재산세를 계산하기 위해서는 우선 각 재산의 시가표준액을 알아야 한다. 시가표준액은 다음 표와 같이 개별공시지가 또는 주택공시가격을 말하고, 공시가격이 없을 때는 지방자치단체장이 법령에 따라 산정한 가액을 말한다. 토지 · 건축물은 시가표준액의 70%(공정시장가액비율)를, 주택은 60%(공정시장가액비율)를 과세표준으로 하고 있다. 기타 자산(선박, 항공기 등)은 시 · 군 · 구청장이 결정한 시가표준액이 과세표준에 해당된다. 취득세의 과세표준을 취득 당시 취득자가 신고한 가액으로 하되, 신고가액의 표시가 없거나 시가표준액에 미달할 때만 시가표준액으로 하는 것과는 다르다. 시가표준액은 「지방세법」상 취득세, 등록면허세, 재산세 등의 과세표준을 정할 때 사용하는 용어로, 재산별로 다음 표와 같이 정하고 있다.

▼ 시가표준액

토지	개별공시지가(「가격공시및감정평가에관한법률」에 의한 ㎡당 공시가격) × 면적(㎡)
주택	공시가격(단독주택가격, 공동주택가격)
기타 건축물	거래가격, 수입가격, 신축·건조·제조가격 등을 참작해 정한 기준 가격에 종류·구조·용도·경과연수 등을 감안해 시·군·구청장이 정한 가액

※ 토지의 개별공시지가, 주택의 공시가격이 없을 때는 지방자치단체장이 정한 가액

개별공시지가[1]는 국토교통부 부동산공시가격알리미(realtyprice.kr)를 통해 확인할 수 있다.

무섭다는 재산세, 세율은 얼마인가?

재산세는 앞서 이야기한 과세표준에 해당 자산에 적용하는 세율(다음 표의 표준세율과 탄력세율[2])을 곱해 계산한다.

▼ 과세 대상 자산별 재산세 표준세율표

구분	과세 대상과 과세표준 구간		세율	과세 구분
토지	분리과세 대상	전·답·과수원, 목장용지, 임야	0.07%	개별 자산별 과세
		공장용지, 공급 목적 등 토지	0.2%	
		골프장, 고급오락장용 토지	4%	

1 **공시지가** '부동산가격공시및감정평가에관한법률'에 의해 국토교통부가 매년 1월 1일을 기준으로 조사·평가해 공시하는 표준지의 단위면적(㎡)당 가격

2 **탄력세율** 지방자치단체장이 특별한 재정수요나 재해 등의 발생에 따라 세율조정이 불가피한 경우 조례가 정하는 바에 따라 해당 세율의 50% 범위 내에서 가감조정하는 세율

토지	별도합산 과세 대상	2억 원 이하	0.2%	시·군·구 관할 내 소유자별 합산과세
		2억 원 초과 ~ 10억 원 이하	0.3%	
		10억 원 초과	0.4%	
	종합합산 과세 대상	5,000만 원 이하	0.2%	시·군·구 관할 내 소유자별 합산과세
		5,000만 원 초과 ~ 1억 원 이하	0.3%	
		1억 원 초과	0.5%	
주택 (부속 토지 포함)	기타 일반 주택[1]	6,000만 원 이하	0.1%	개별 자산별 과세
		6,000만 원 초과 ~ 1억 5,000만 원 이하	0.15%	
		1억 5,000만 원 초과 ~ 3억 원 이하	0.25%	
		3억 원 초과	0.4%	
기타 건 축 물	골프장, 고급오락장용 건축물		4%	
	도시지역(특별시, 광역시, 시) 내 주거지역, 조례로 정한 지역 내 공장용건축물		0.5%	
	기타 건축물		0.25%	

1) 2021~2023년 한시적으로 시가표준액 9억 원 이하 1주택자에 한해 재산세율 구간별로 0.05%씩 인하하여 적용

한편 과밀억제권 내 공장 신설·증설의 경우에 한정해 해당 사안 발생 시부터 5년간 5배 중과세율, 즉 1.25%(= 5 × 0.25%)를 적용한다는 점을 기억해두자. 또 세율 적용 시 별도합산·종합합산토지에 대해서는 소유자별로 합산해 과세하며, 기타 재산은 모두 각각의 재산별로 과세한다는 점도 염두에 두자. 이 점은 종합부동산세 적용과 차이가 나므로 유의할 필요가 있다.

예를 들어 주택의 시가표준액이 5억 원일 경우 재산세는 다음과 같다. 과세표준 기준에 따라 세율이 다르게 적용된다는 점을 기억하자.

- 과세표준 = 5억 원(시가표준액) × 60%(공정가액비율) = 3억 원
- 세액 = 6,000만 원 × 0.1% + 9,000만 원 × 0.15% + 1억 5,000만 원 × 0.25% = 57만 원(1세대 1주택인 경우 42만 원)

주택의 종합부동산세 계산법

비싼 주택에만 부과되는 종합부동산세

주택에 대한 종합부동산세는 국내에 있는 재산세 과세 대상 주택의 공시가격을 합산한 금액이 9억 원을 초과할 경우 납부의무가 발생한다. 다시 말해 주택의 공시가격 합계가 9억 원을 넘지 않으면 종합부동산세 부담은 없다. 단, 법인은 9억 원 미만 주택이라도 종합부동산세가 부과된다.

하지만 세대원 중 한 사람이 단독명의로 보유하고 1세대 1주택에 해당할 경우에는 12억 원을 공제해주므로, 결국 공시가격 합계 12억 원까지 종합부동산세를 내지 않아도 된다. 1세대 1주택 보유자에 대한 특례라고 할 수 있다. 주택분 종합부동산세 계산은 다음 표를 참고하기 바란다.

▼ 주택분 종합부동산세

구분		종합부동산세
과세표준		납세의무자별 소유 주택 공시가격 합계 - 9억 원[1](1세대 1주택자는 12억 원[2])
세율[3]	2주택 이하	• 3억 원 이하: 0.5% • 3억 원 초과 ~ 6억 원 이하: 0.7% • 6억 원 초과 ~ 12억 원 이하: 1% • 12억 원 초과 ~ 25억 원 이하: 1.3% • 25억 원 초과 ~ 50억 원 이하: 1.5% • 50억 원 초과 ~ 94억 원 이하: 2% • 94억 원 초과: 2.7% • 법인은 2.7%
세율	3주택 이상	• 3억 원 이하: 0.5% • 3억 원 초과 ~ 6억 원 이하: 0.7% • 6억 원 초과 ~ 12억 원 이하: 1% • 12억 원 초과 ~ 25억 원 이하: 2% • 25억 원 초과 ~ 50억 원 이하: 3% • 50억 원 초과 ~ 94억 원 이하: 4% • 94억 원 초과: 5% • 법인은 5%
재산세액공제		(주택분재산세합계액) × (주택분종부세과세표준에 주택분 재산세 표준세율로 계산한 재산세 상당액) ÷ (주택분 합산금액에 재산세 표준세율로 계산한 재산세 상당액)
1세대 1주택 세액공제 (80% 한도 중복 적용 가능)		• 고령자세액공제 = 재산세공제후산출세액 × 공제율 (60~65세 미만 20%, 65~70세 미만 30%, 70세 이상 40%) • 장기보유자세액공제 = 재산세공제후산출세액 × 공제율 (5~10년 미만 20%, 10~15년 미만 40%, 15년 이상 50%)
세부담상한		전년도 세액의 150%[4]

1) 법인보유주택은 해당되지 않음
2) 단독명의 1세대 1주택인 경우
3) 법인은 2주택 이하 2.7% 일률, 3주택 이상 5% 일률
4) 법인은 세부담상한 없음

주택 수를 계산할 때 구분등기되지 않은 다가구주택은 1주택으로, 공동소유주택은 각자 소유한 것으로 본다[상속주택은 상속개시일로부터 5년 이내이거나 지분율이 40% 이하, 지분공시가격 6억 원 이하 (수도권 밖은 3억 원 이하) 주택은 주택 수에서 제외]. 수도권 밖 지방에 소재하는 공시가격 3억 원 이하 1주택과 「문화재보호법」에 따른 등록문화재에 해당하는 주택은 주택 수에서 제외한다. 주택분 종합부동산세는 세대별로 합산해 과세하지 않고, 개인별로 한다는 점도 유의해야 한다.

사례 H씨(63세)는 단독명의 1세대 1주택자로 공시가격 13억 원에 해당하는 주택을 7년째 보유하고 있어 매년 종합부동산세를 부담하고 있다. 종합부동산세를 절세할 수 있는 방안이 없을까 고민이다. 어떻게 해야 할까?

우선 H씨가 부담하는 종합부동산세를 계산해보자.

- 종합부동산세 산출세액 = (13억 원 - 12억 원) × 60% × 0.5% = 300,000원
- 재산세액공제액 = 주택분 재산세로 부과된 세액 = 108,000원(3억 원 해당 세액)
- 재산세 공제 후 종합부동산세 = 192,000원
- 1세대 1주택 세액공제[1](자세한 내용은 21장 참고)

---

1 **세액공제와 소득공제의 차이** 세액공제는 내야 할 세금에서 빼주는 것을 말하고, 소득공제는 과세 대상 소득에서 빼주는 것을 말한다. 소득공제의 효과는 소득공제액에 세율을 곱한 금액이지만 세액공제는 공제금액 자체이므로, 같은 금액일 때는 세액공제의 세금효과가 더 크다.

① 고령자세액공제 = 종부세액 × 공제율

= 192,000원 × 20%(63세) = 38,400원

② 장기보유세액공제 = 종부세액 × 20%(7년 보유)

= 192,000원 × 20% = 38,400원

- 납부해야 할 종합부동산세 = 192,000원 – 76,800원 = 115,200원
- 총부담세액 = 종합부동산세 + 농어촌특별세(종합부동산세액의 20%) = 138,240원

만약 H씨가 부인에게 6억 원에 해당하는 지분을 증여하면 어떻게 될까? 이 경우 H씨의 주택지분공시가격은 7억 원, 배우자는 6억 원으로 H씨와 배우자 모두 종합부동산세가 없다.

따라서 종합부동산세만 비교하면 증여 후가 138,240원 적다. 하지만 증여 과정에서 발생하는 세금을 따져보면 이야기가 달라진다. 부부간 증여에 대해서는 10년 내 6억 원까지는 증여세가 없다. 다만 증여에 따른 취득세(농어촌특별세, 지방교육세 포함)가 발생하는데, 이는 시가표준액의 3.5%인 2,100만 원에 상당한다. 전체 세금을 고려할 경우 H씨가 종합부동산세 부담을 줄이기 위해 주택 지분을 배우자와 나누는 것은 실익이 없음을 알 수 있다. 세테크란 이와 같이 여러 가지 측면을 고려하여 의사결정을 내려야 한다.

고령자·장기보유자의 종합부동산세

종합부동산세는 1세대 1주택 보유자에 대해 몇 가지 특례를 두고 있다. 단독명의 1세대 1주택자에게 과세표준 계산 시 5억 원을 추가 공제한다는 것은 앞에서 설명했다. 이외에도 고령자세액공제와 장기보유에 따른 세액공제가 있다. 두 세액공제는 80%까지 중복해 적용할 수 있으므로, 고령이면서 장기보유할수록 유리하다. 다만 주택의 건물과 부속토지 소유자가 다를 경우 주택부속토지분 산출세액은 제외하고 계산한다.

고령자세액공제와 장기보유세액공제

고령자세액공제는 과세기준일(매년 6월 1일)에 60세 이상인 1세대 1주택자에게 주어진다. 공제액은 종합부동산세 산출세액(과세표준 × 세율)에 다음 표에 따른 연령별 공제율을 곱해 계산한다.

▼ 고령자세액공제율

연령	60세 이상 ~ 65세 미만	65세 이상 ~ 70세 미만	70세 이상
공제율	20%	30%	40%

장기보유세액공제는 1세대 1주택에 해당하는 주택을 매년 6월 1일 기준 5년 이상 보유한 경우에 주어지는 공제로서, 종합부동산세 산출세액에 다음 표에 따른 보유기간별 공제율을 곱해 계산한다.

▼ 장기보유세액공제율

보유기간	5년 이상 ~ 10년 미만	10년 이상 ~ 15년 미만	15년 이상
공제율	20%	40%	50%

※ 고령자세액공제와 장기보유세액공제는 종합부동산세의 80%를 한도로 중복 적용할 수 있다.

사례 I씨(70세)는 1세대 1주택자로서 과세기준일 현재 공시가격이 15억 원인 주택을 15년째 보유하고 있다. 이때 고령자세액공제액과 장기보유세액공제액은 얼마일까?

- 재산세 공제 후 산출세액 = 과세표준(15억 원 - 12억 원) × 공정시장가액비율(60%) × 누진세율(3억 원까지 0.5%) - 재산세액공제(324,000원) = 576,000원
- 고령자세액공제 = 576,000 × 40% = 230,400원
- 장기보유세액공제 = 576,000원 × 50% = 288,000원

사례의 1세대 1주택에 따른 고령자·장기보유세액공제 합계는 518,400원이나 한도(80%)가 460,800원이므로 납부세액은 115,200원이다.

그리고 농어촌특별세는 이 금액의 20%이므로 총 납부해야 하는 금액은 138,240원이다.

1세대 다주택자의 종합부동산세

종합부동산세의 입법 취지는 고액의 부동산 보유에 대한 사회적 비용을 부과하여 조세의 공평성을 제고하고, 부동산가격 안정을 도모하는 데 있다. 종합부동산세 과세 체계를 보면 1세대 1주택에 해당하는 주택에 대해서는 과세표준 계산 시 12억 원을 공제해줄 뿐 아니라 고령자세액공제와 장기보유세액공제까지 해주고 있다. 반면 1세대 2주택 이상 다주택 보유자에게는 그러한 혜택이 없다. 또 주택분 종합부동산세 계산 시 합산 대상에서 배제하는 주택이 있는데, 이에 해당할 경우 종합부동산세가 부과되기 전에 합산배제신청으로 종합부동산세 부담을 줄일 수 있다.

세법에서는 합산배제 대상 주택을 일정한 임대주택과 기타 주택, 2종류로 분류해 열거하고 있다.

1세대 1주택으로 보는 주택들

- 1주택 이외에 타인 명의 주택의 부속토지를 소유한 경우
- 기존 보유 1주택 양도 전에 신규주택 취득하여 일시적으로 2주택이 된 경우(신규주택 취득일로부터 3년 이내)

• 1주택과 상속받은 주택이 있는 경우(상속 후 5년 이내이거나 지분율 40% 이하 또는 지분공시가격이 수도권 6억 원, 지방 3억 원 이하인 경우)

• 1주택과 지방소재[수도권 밖 특별자치시 · 광역시(군 제외)가 아닌 지역, 세종시 소속 읍 · 면 지역, 서울 외 수도권 중 인구감소지역이면서 접경지역 중 강화군, 옹진군, 연천군] 주택으로 공시가격 3억 원 이하 주택

합산배제 임대주택에 해당하는 경우

합산배제 임대주택은 「임대주택법」에 따른 임대사업자로 사업자등록을 하고, 다음 표의 주택을 임대하거나 소유하는 경우를 말한다.

▼ 합산배제 임대주택

임대할 경우	소유할 경우
① 2018. 3. 31 이전 건설임대주택으로서 전용면적 149㎡ 이하로 2호 이상, 과세기준일 공시가격 9억 원 이하, 5년 이상 계속 임대할 것 ② 2018. 3. 31 이전 매입임대주택으로서 국민주택 이하 규모로 1호 이상, 과세기준일 공시가격 6억 원(비수도권 3억 원) 이하, 5년 이상 계속 임대할 것 ③ 2005. 1. 5 이전 임대주택으로 2호 이상, 공시가격 3억 원 이하, 5년 이상 계속 임대할 것 ④ 부동산투자회사가 매입한 5호 이상의 일정한 임대주택 ⑤ 일정한 미분양주택을 5호 이상 최초 취득해 임대하는 경우 ⑥ 2018. 8. 18 이후 건설임대주택 또는 매입임대주택으로 각각 2호 또는 1호 이상, 공시가격 6억 원 이하, 10년 이상 임대 등을 할 것. 단, 1세대 2주택으로서 조정대상지역 소재 임대주택은 제외	민간건설임대주택으로서 전용면적 149㎡ 이하, 과세기준일 공시가격 9억 원 이하로 사용승인 후 과세기준일까지 2년을 초과해 임대한 사실이 없을 것

합산배제 기타 주택에 해당하는 경우

• 특수관계자가 아닌 종업원의 주거를 위해 무상이나 저가로 제공하는

주택으로서 국민주택규모 이하 또는 과세기준일 현재 공시가격 6억 원 이하일 것

- 기숙사(종업원의 주거에 제공)
- 사업자등록을 한 「주택법」, 「건축법」에 따른 건설업자가 건축해 소유하고 있는 주택으로서 2015년 1월 1일 이후에 주택분 재산세 납세의무가 최초로 성립하는 날로부터 5년이 경과되지 않은 미분양주택
- 세대원이 「영유아보육법」에 따라 5년 이상 계속하여 어린이집으로 운영하는 어린이집용 주택
- 시공사가 시행자(주택건설업자)로부터 공사대금으로 받은 미분양주택으로 주택분 재산세 납세의무가 최초로 성립하는 날부터 5년이 경과하지 않은 주택
- 정부출연연구기관이 보유 중인 연구원용 주택
- 「문화재보호법」에 따른 등록문화재 해당 주택
- 기업구조조정부동산투자회사 등이 보유 중인 특정 미분양주택
- 「노인복지법」에 따른 노인복지주택
- 「향교재산법」에 따른 주택
- 세일즈앤리스백(SLB) 리츠 등이 매입하는 주택
- 「주택법」에 따른 토지임대부분양주택의 부속토지

앞서 설명한 것과 같이 1세대 1주택으로 보거나 합산배제 주택에 해당할 경우 납세의무자는 최초 과세연도에 신청서를 작성해 미리 신고해야 하고, 변동사항이 없을 경우 그 이후 연도부터 신청서를 제출하지 않아도 된다. 이렇게 하면 종합부동산세 고지세액이 그만큼 줄어들게 된다.

토지 보유자의 종합부동산세

토지를 보유했다고 해서 모두 종합부동산세 과세 대상이 되는 것은 아니다. 토지에 대한 종합부동산세 과세 대상이 되는 것은 공시가격 합계가 5억 원을 초과하는 종합합산과세 대상토지와 공시가격 합계가 80억 원을 초과하는 별도합산과세 대상토지에 한정된다.

토지에 대한 종합부동산세를 과세할 때는 납세의무자 개인별(세대별 아님)로 과세 대상토지의 공시가격을 합산한 금액에서 일정한 금액을 공제한 잔액에 공정시장가액비율을 곱해 다음과 같이 과세표준을 계산한다. 세율과 기타 공제액은 다음 표와 같다.

▼ 토지분 종합부동산세 계산

구분	종합합산과세 대상	별도합산과세 대상
과세표준	(납세의무자별 소유 토지 공시가격 합계 – 5억 원) × 공정시장가액비율(100%)	(납세의무자별 소유 토지 공시가격 합계 – 80억 원) × 공정시장가액비율(100%)
세율	• ~ 15억 원 미만: 1% • 15억 ~ 45억 원 미만: 2% • 45억 원 이상: 3%	• ~ 200억 원 미만: 0.5% • 200억 ~ 400억 원 미만: 0.6% • 400억 원 이상: 0.7%

재산세액공제	(해당토지분재산세합계액) × (해당토지분종부세과세표준에 해당토지분 재산세표준세율로 계산한 재산세 상당액) ÷ (해당 토지를 합산한 금액에 토지분 재산세표준세율로 계산한 재산세 상당액)
세부담상한	직전 연도 종합합산과세 대상토지에 대한 총세액 상당액 × 150%

표 안쪽 산식의 의미는 재산세 부담액 중 종합부동산세가 과세되는 토지분 재산세를 제거해 이중과세를 피하기 위한 것이다. 이렇게 계산된 종합부동산세라 하더라도, 재산세와 합친 금액이 전년도 총보유세금 대비 150%를 한도로 부과한다는 점도 알아두자.

재산세와 종합부동산세도 절세가 가능할까?

재산세와 종합부동산세의 과세기준일은 매년 6월 1일이다. 재산세는 토지의 경우 매년 9월 30일까지 전액을, 주택의 경우 7월 31일까지 절반, 9월 30일까지 나머지 절반을 납부해야 한다. 그리고 기타 건축물은 매년 7월 31일까지 납부해야 한다. 그렇다면 재산세와 종합부동산세도 절세가 가능할까?

재산의 취득 · 처분시기를 잘 선택해야 한다

재산세와 종합부동산세는 과세기준일이 정해져 있으므로, 재산의 취득·처분시기를 잘 선택하면 해당 연도의 재산세를 원천적으로 피할 수 있다. 즉 어느 해 과세 대상 재산을 처분하려고 생각한다면 6월 1일이 되기 전, 즉 5월 31일까지 처분하면 해당 재산에 대한 세금을 피할 수 있다. 반대로 어느 해에 재산을 취득하려고 한다면 잔금 지급 또는 등기접수를 6월 1일 이후에 하는 것이 좋다.

보유재산 처분시기는 재산세 절세에 매우 중요한 사항 중 하나이므로 매매계약서 작성 시 반드시 고려해야 한다.

재산이 없으면 재산세를 내지 않는다

과세표준에 의한 절세법을 생각해보자. 과세표준을 줄일 수 있다면 세금도 줄어드는 것이 당연하다. 하지만 재산세의 과세표준은 시가표준액을 기준으로 하므로, 납세의무자의 선택에 따라 과세표준이 변화될 여지는 없다.

더 근본적으로 재산세를 줄이는 방법은 재산을 소유하지 않는 것이다. 재산세는 재산 소유자에게 부과되는 만큼 굳이 소유하지 않고 전세 또는 임차해 사용한다면 사용은 하면서 재산세를 원천적으로 회피할 수 있다. 부동산 경기 침체가 지속되고, 향후 경기에 대한 전망도 불확실하다면 위험부담이 큰 취득이나 그에 따른 세금을 부담하기보다는 임차해 사용하는 것도 절세 방법 중 하나다.

재산세와 종합부동산세는 늘어나는 한도가 있다

재산세와 종합부동산세는 동일한 재산이라 하더라도 매년 기준시가 또는 시가표준액이 변경되기 때문에 해마다 달라진다. 가령 부동산 경기가 활성화되면 덩달아 공시지가 또는 주택공시가격이 높아지고, 공정가액비율도 해마다 높아지게 되어 있어 자칫 세액이 급격하게 증가할 수 있다.

이에 따라 급격한 세부담 증가를 예방하기 위해 직전 연도 해당 부동산에 대한 재산세, 종합부동산세 상당액 합계의 150%를 한도로 부과한다.

기본적인 종합부동산세 절세 전략

종합부동산세를 절세할 수 있는 방법은 없을까? 우선 다주택자라면 22장에서 설명한 1세대 1주택 해당 여부 또는 합산배제 대상 주택 여부를 확인해 관련 신청서를 제출해야 한다. 또한 1세대 1주택 해당 시 부부공동등기의 절세효과와 고령자·장기보유세액공제가 12장 '부동산 명의에 따라 세금이 달라진다'와 21장 '고령자·장기보유자의 종합부동산세'에서 설명한 대로 잘 적용되었는지 확인하는 것이 기본적인 절세법이라 할 수 있다.

과세 대상 부동산의 취득·처분 시 매매계약서를 작성할 때는 잔금일이나 등기일을 정할 때 특히 유의할 필요가 있다. 잔금일 또는 등기접수일이 취득일 또는 처분일이 되기 때문이다.

Common Sense Dictionary of Reducing Real Estate Tax

3 셋째 마당

부동산 운용 시 세금 재테크

임대부동산의 매력과 관련 세금

부동산으로 잡는 두 마리 토끼, 임대소득과 양도차익

임대부동산의 매력은 두 종류의 소득을 동시에 얻을 수 있다는 것이다. 임대부동산을 보유하는 동안에는 임대소득을 얻을 수 있고, 처분할 때는 그 사이 오른 부동산 가치로 양도차익(투자소득)을 기대할 수 있다. 물론 모든 임대부동산이 수익성이 좋은 것은 아니다. 입지 조건과 미래 개발 전망에 따라 편차가 크게 나타난다.

사람들은 부동산임대업[1]소득을 불로소득으로 보는 경향이 있다. 목 좋은 곳에 번듯하게 서 있는 건물을 보면 '저런 건물 하나만 갖고 있으면 평생 편하게 살 수 있을 텐데' 하고 생각하는 것도 이 때문이다. 부모에게 물려받은 건물을 관리도 제대로 하지 않으면서 임대료만 받아가는 경우는 불로소득이라고 해도 할 말이 없다. 하지만 평생 피땀 흘려 번 돈으로 건물을 장만

---

1 **부동산임대업** 부동산 또는 부동산상의 권리(지상권 등), 광업권 또는 채굴권 등을 대여하는 업을 말한다. 부동산임대는 보통 전세권 등 권리를 설정하고 그 대가를 받거나, 임대차계약 등으로 물건 또는 권리를 사용하게 하고 그 대가를 받는 것을 말한다. 주택임대가 아니거나 주택이라도 특례 적용을 받으려면 지자체에 부동산임대업 등록, 세무서에 사업자등록을 하도록 하고 있다.

했거나, 임차인들에게 최상의 임대 서비스를 제공하면서 열심히 살아가는 임대업자들까지 불로소득자라고 비난하는 것은 지나치다.

부동산임대업은 결코 편하고 녹록한 업종이 아니다. 임차인 보호·유치를 위해 철저한 건물 안전 점검, 보험 처리, 시설 유지·보수 등 관리를 해야 하며, 시대와 환경 변화에 걸맞게 적절히 리모델링도 해야 한다. 건물주가 겪는 가장 큰 어려움은 임대료나 관리비 등이 밀리며 발생하는 임차인과의 갈등이다. 또 목 좋은 곳이 아니면 공실이 발생해 임대업도 수익을 내기가 쉽지 않다.

부동산임대업과 세금

임대부동산을 취득할 때는 임대수익이 적정하게 발생할 것인지, 향후 부동산가격이 상승할 전망이 있는지 등을 따져봐야 한다. 세금은 임대수익 계산에서도 반드시 고려해야 하는 요소다. 부동산임대업자가 부담하는 세금의 종류는 다음 표와 같다.

▼ 부동산임대업자가 부담하는 세금

구분	부동산 취득 시	부동산 임대 시	부동산 보유 시	부동산 처분 시
세금	취득세, 건물부가가치세	부가가치세, 종합소득세	재산세, 종합부동산세	양도소득세, 건물부가가치세
과세 대상	취득가액	임대소득	공시가격	양도소득, 양도가액

부동산임대업자가 부담하는 세금은 부동산을 취득할 때 발생하는 취득세와 건물부가가치세, 부동산을 임대할 때 발생하는 임대소득료에 대한 소득세와 부가가치세, 부동산을 보유할 때 발생하는 재산세와 종합부동산세, 부동산을 처분할 때 발생하는 건물부가가치세와 양도소득세로 구분된다.

이 중 부동산 임대 시 발생하는 부가가치세액은 매입세액공제를 통해 실제 부담금은 발생하지 않는다. 부동산은 가액이 크기 때문에 일시적이라도 자칫 큰 세금이 발생할 수 있으므로 주의해야 한다.

임대소득세 계산 구조와 종합소득세와의 관계

임대부동산으로 얻은 소득은 사업소득

임대부동산을 보유하는 동안에는 부동산임대소득이 발생하게 된다. 세금 면에서 보면 부동산임대업은 크게 주택임대업과 그 밖의 임대업으로 구분할 수 있다.

부동산임대업에서 발생한 소득은 임대 서비스를 제공한 대가로 얻는 소득이므로 종합소득[1] 중 사업소득[2]에 해당한다.

임대부동산 취득이나 유지·관리와 관련해 발생한 비용은 세법상 필요경비로 인정된다. 주로 건축물에 대한 감가상각비[3]와 유지관리비 등이다.

---

1 **종합소득** 종합소득은 크게 6가지, 즉 이자소득, 배당소득, 사업소득(부동산임대업소득 포함), 근로소득, 기타소득, 연금소득으로 구분하여 분리과세 또는 합산과세한다.

2 **사업소득** 개인(또는 공동사업자)이 영리 목적으로 서비스나 재화를 지속적·반복적으로 공급함으로써 발생하는 소득이다. 사업소득의 과세표준은 수입금액에서 필요경비를 뺀 사업소득금액에서 다시 소득공제·이월결손금을 공제해 계산한다.

3 **감가상각비(減價償却費)** 감가상각은 건물, 기계장치나 비품 등 비유동자산에 시간의 경과에 따라 생기는 가치의 감소를 셈하는 절차다. 비유동자산 가치의 소모를 각 회계연도에 배분함으로써 그 자산의 재투자를 준비하도록 유도한다.

비주거용부동산임대소득의 결손금은 다른 소득에서 공제할 수 없다

사업소득은 다른 소득과 합산하여 과세하고 결손금이 발생하면 다른 소득에서 공제하는 것이 원칙이다. 다만 부동산임대업에서 발생한 결손금은 부동산임대업의 소득금액에서만 공제하기 때문에 세금 면에서 불리하다. 하지만 주택임대사업에서 발생하는 손실은 다른 종합소득에서 공제가 가능하다는 점에서 일반 부동산임대소득과 다르다.

일반 부동산임대소득에 대한 세금 계산 구조는 다음 표와 같다.

부동산임대소득 세금 계산 구조
총수입금액(임대수입금액 + 임대보증금에 대한 간주임대료)
(−) **필요경비**
(=) **부동산임대업의 소득금액**
(−) **부동산임대업의 이월결손금**
(=) **과세표준**
(×) **세율**(6~45%)
(=) **산출세액**

앞의 표에서 임대보증금에 대한 간주임대료[4]는 월세와 전세의 소득 발생 방식의 차이에 대한 세금 불공정을 완화하기 위한 제도로 다음과 같이

4 **간주임대료(看做賃貸料, Deemed Rent)** 사업자가 부동산을 임대하고 월정임대료와는 별도로 전세금 또는 임대보증금을 받는 경우, 전세금 등에 정기예금이자율을 곱한 금액을 간주임대료라 한다. 간주임대료는 「부가가치세법」과 「소득세법」에서 그 계산 방식이 다르다. 간주임대료의 부가가치세는 보증금 전액에 정기예금이자율을 곱해 계산하는 반면, 소득세는 주거용인 경우 3주택 이상이고 보증금 합계가 3억 원 초과일 때 보증금 중 일정 금액을 공제한 금액을 대상으로 한다. 비주거용인 경우에는 보증금 전액에 대해 정기예금이자율을 곱한 금액에서 보증금을 이용한 금융수익을 차감한 금액에 소득세를 과세한다.

계산한다.

일반적인 경우

간주임대료 = (해당 과세기간의 보증금 등의 적수[1] – 임대부동산의 건설비 상당액[2] 적수) × 정기예금이자율[3] ÷ 365 – 해당 과세기간 임대사업에서 발행한 금융수익[4] 합계

주택임대의 경우(3주택 이상)

간주임대료 = (보증금 – 3억 원)의 적수 × 60% / 365 × 2.9%

추계신고 및 조사결정의 경우

간주임대료 = 해당 과세기간의 보증금 등의 적수 ÷ 365 × 정기예금이자율(2.9%)

1) 적수: 매월 말 현재 임대보증금 등의 잔액에 경과 일수를 곱하여 계산함
2) 임대부동산의 건설비 상당액: 해당 부동산의 취득가액으로 자본적 지출액을 포함
3) 정기예금이자율: 정기예금이자율을 고려하여 기획재정부장관이 정하는 이자율(2023년 기준 2.9%)
4) 임대사업에서 발행한 금융수익: 기장한 장부나 증명서류에 의해 임대보증금 등으로 취득한 것이 확인되는 이자 또는 배당금 등

위 식에 따라 주택임대보증금에 대한 간주임대료는 3주택(40㎡ 이하 주택으로, 기준시가 2억 원 이하 주택은 제외) 이상 소유자의 주택과 부수토지를 임대하고 받은 보증금 합계액이 3억 원을 초과하는 경우 초과하는 임대보증금 적수의 60%에 대해 계산한다. 다만 추계신고한 경우에는 임대보증금에 의한 금융수익을 공제하지 않는 점이 다르다.

주택임대소득에 대한 소득세 과세는 소유 주택 수에 따라 다른데, 이를 표로 정리하면 다음과 같다.

<table>
<tr><th colspan="2" rowspan="2">소유 주택 수
(부부 합산)</th><th colspan="2">주택임대소득의 과세 대상 소득 및 과세 여부</th></tr>
<tr><th>받은 임대료</th><th>간주임대료</th></tr>
<tr><td rowspan="2">1주택</td><td>일반주택</td><td>비과세[1]</td><td rowspan="3">비과세</td></tr>
<tr><td>기준시가
12억 원 초과
주택</td><td rowspan="3">• 지분 30% 미만: 비과세
• 임대수입 2,000만 원 이하:
분리과세
• 그 외 임대소득자: 종합과세</td></tr>
<tr><td colspan="2">2주택</td></tr>
<tr><td colspan="2">3주택 이상</td><td>보증금 합계 3억 원 초과 시
간주임대료 과세</td></tr>
</table>

1) 비(非)최다지분을 소유한 경우에도 연간 600만 원 이상이면 과세

주택 수 계산 시 공유주택은 최대지분자의 소유로 하되, 최대지분이 아니라도 해당 주택임대소득이 연간 600만 원 이상이거나 고가주택(기준시가 12억 원 초과)의 경우 30% 초과 지분일 경우에는 해당 주택 소유자로 본다. 전용면적 40㎡ 이하이면서 기준시가 2억 원 이하는 주택 수에서 제외한다.

한편 연간 임대수입이 2,000만 원 이하여서 분리과세하는 경우에는 종합소득합산과세를 선택하여 계산한 세액 중 적은 쪽으로 신고납부할 수 있다.

종합소득결정세액 = Min(①, ②)

① 분리과세 시 종합소득결정세액 = 주택임대소득[1] × 14% × {1 − (20~75%)}[2] + 기타종합소득결정세액 − 공제·감면세액

② 합산과세 시 종합소득결정세액 = 종합소득산출세액 − 소형주택임대사업자에 대한 세액감면 − 기타공제감면세액

1) 주택임대소득: 미등록임대주택과 등록임대주택으로 나뉨
2) 소형주택임대사업자 공제율: 단기임대 1호 30%, 2호 이상 20%, 장기임대 1호 75%, 2호 이상 50%

위의 식에서 말하는 주택임대소득은 미등록임대주택과 등록임대주택으로 구분하며, 다음과 같이 소득금액을 계산한다.

▼ 주택임대소득금액 계산식

구분	분리과세 주택임대소득 외 종합소득과세표준	
	2,000만 원 이하	2,000만 원 초과
미등록임대주택	주택임대수입금액 - 필요경비(주택임대수입금액 × 50% + 200만 원)	주택임대수입금액 - 필요경비(주택임대수입금액 × 50%)
등록임대주택	주택임대수입금액 - 필요경비(주택임대수입금액 × 60% + 400만 원)	주택임대수입금액 - 필요경비(주택임대수입금액 × 60%)

등록임대주택의 요건

① 「민간임대주택법」에 따라 임대사업자등록을 한 자가 임대 중인 공공지원민간임대주택, 장단기(8년 또는 4년) 일반민간임대주택일 것

② 「소득세법」에 따른 사업자등록을 할 것

③ 임대보증금 또는 임대료를 연 5% 이상 올리지 않을 것

추계신고가 유리할 때도 있다

장부 작성을 하지 못했을 때는 추계신고가 유리하다

부동산 임대사업을 하면서 장부를 작성하지 못했다면 어떻게 될까? 실제 지출한 필요경비를 세무상 인정받지 못한다. 필요경비는 장부(증빙)에 의해 확인된 금액만 공제하는 것이 세법상 원칙이기 때문이다. 다만 예외로 일정 금액을 한도로 필요경비를 인정해주는 '추계신고제도'가 있다.

추계신고제도란, 지출증빙이 없거나 장부 작성 능력이 되지 않아 장부 작성을 하지 못한 상태로 신고할 때 이미 파악된 수입금액을 기준으로 일정 한도의 필요경비를 세무상 인정해주는 제도다. 수입금액에 따라 단순경비율(매출 대비 경비를 단순 추정하기 위한 비율)이나 기준경비율(매출에서 인건비, 임차료, 원재료 등 주요경비를 제외한 나머지 경비를 추정하기 위한 비율)을 적용해 계산한다.

부동산임대업의 직전 연도 매출액이 2,400만 원 미만이면 단순경비율을 적용하고, 이상이면 기준경비율을 적용해 필요경비를 계산할 수 있다. 또 직전 연도 매출액이 7,500만 원 미만이면 기장의무가 없고, 그 이상이면 기장(복식부기)의무가 있으며, 불이행 시 가산세가 따른다. 사례를 보면서 추계신고의 2가지 방법을 알아보자.

사례 J씨는 임대용부동산을 소유하면서 사업자들에게 임대를 하여 소득이 발생한다. 2021년 매출은 2,300만 원, 2022년 매출은 4,000만 원, 2023년 매출은 5,000만 원(주요경비 2,000만 원)이다. J씨가 2022년분과 2023년분에 대해 신고해야 하는 소득금액는 각각 얼마일까? J씨는 장부 작성을 하지 못해 추계 방식으로 신고할 예정이며, 부동산임대업의 단순경비율은 40%, 기준경비율은 14%로 가정한다.

▼ 추계신고 단순경비율 기준

업종 구분	기존 사업자 단순경비율 판정 기준금액[1]	간편장부 대상자 기준[2]
① 농업·임업, 어업, 광업, 도매업·소매업, 부동산매매업, 아래 ②와 ③에 해당되지 않는 업종	6,000만 원 미만	3억 원 미만
② 제조업, 출판업, 숙박·음식점업, 욕탕업, 전기·가스·수도사업, 건설업, 운수업, 통신업, 금융·보험업, 택배업 등 인적용역	3,600만 원 미만	1억 5,000만 원 미만
③ 부동산임대업, 사업서비스업, 교육보건·사회복지사업, 오락·문화·운동 관련 서비스업, 기타 공공·수리·개인서비스업, 가사서비스업, 가구 내 고용활동	2,400만 원 미만	7,500만 원 미만

1) 직전 연도 매출액이 기준금액 이상이면 기준경비율 대상이 되며, 당해 연도에 신규로 사업을 시작한 경우 단순경비율 적용을 받는다. 신규 사업이라도 판정 기준금액을 넘으면 기준경비율 대상자로 적용된다.
2) 직전 연도 매출액이 기준금액 이상이면 기장(복식부기)의무가 있으며, 불이행 시 가산세가 따른다.

먼저 J씨의 2022년과 2023년 신고 유형을 앞의 표에 따라 구분해보자. 2022년은 직전 연도인 2021년 매출이 2,400만 원 미만에 해당하므로 단순경비율 대상자이면서 동시에 간편장부[1] 대상자가 된다. 2023년은 직전 연도인 2022년 매출이 2,400만 원 이상에 해당해 기준경비율 대상자이지만 7,500만 원 미만이므로 간편장부 대상자가 된다.

단순경비율 추계신고

각 연도의 소득금액을 계산해보자. 2022년은 단순경비율 대상자이므로 추계에 의한 소득금액은 다음 계산식에 따라 계산한다. 참고로 단순경비율과 기준경비율은 업종과 시기에 따라 달라지며, 국세청 홈페이지에서 확인 가능하다.

단순경비율에 의한 소득금액 = 수입금액 – 수입금액 × 업종별 단순경비율

- 단순경비율을 적용한 필요경비 = 4,000만 원 × 40%(단순경비율) = 1,600만 원
- 2022년의 소득금액 = 4,000만 원 – 4,000만 원 × 40% = 2,400만 원

1 **간편장부** 간편장부는 거래일, 거래 내용, 거래처, 수입, 지출 등을 기록하는 간단한 장부를 말한다. 매출액이 일정 규모 이하여서 간편장부 작성을 인정받는 사업자를 간편장부 대상자라고 한다. 즉 이 대상자는 간편장부를 작성하면 기장의무를 이행한 것으로 보며, 복식부기장부를 갖추면 세액의 20%(100만 원 한도)에 해당하는 기장세액공제를 해준다.

기준경비율 추계신고

2023년은 기준경비율 대상자인데, 이 경우에는 다음 계산식에 따라 소득금액을 계산한다. 기준경비율에 따라 소득금액을 계산할 때는 수입금액에서 주요경비(매입경비 · 인건비 · 임차료 등)에 대해 증빙서류가 있는 금액을 먼저 필요경비로 차감하고, 나머지 경비는 수입금액에 정부에서 정한 기준경비율을 곱해 필요경비로 인정받는다. 기준경비율은 단순경비율에 비해 경비율이 매우 낮기 때문에 세금 면에서 많이 불리하며, 특히 복식부기의무자는 기준경비율의 1/2만 적용하므로 더욱 불리하다.

> 기준경비율에 의한 소득금액 = 수입금액 − 주요경비[1)] − 수입금액 × 업종별 기준경비율[2)]

1) 주요경비: 증빙에 의한 매입경비 · 인건비 · 임차료 등
2) 복식부기의무자는 업종별 기준경비율 × 50% 적용

- 2023년 소득금액 = 5,000만 원(수입금액) − 2,000만 원(주요경비) − 5,000만 원 × 14%(기준경비율) = 2,300만 원

기준경비율 대상자가 단순경비율로 신고하는 경우

그런데 기준경비율 대상자라도 단순경비율 방식으로 계산한 소득금액과 비교하여 유리한 것을 선택해 신고할 수 있다. 단, 이렇게 계산한 소득금액에 소득상한배율[2]을 곱한 금액과 비교한다.

---

2 **소득상한배율** 2022년 기준 간편장부 대상자는 2.8배, 복식부기의무자는 3.4배다. 매년 국세청이 정해 발표하는데, 일반적으로 해마다 배율이 높아진다.

• 비교소득금액 = {5,000만 원 - (5,000만 원 × 40%)} × 2.8배(복식부기 의무자는 3.4배) = 8,400만 원

2023년의 경우 비교소득금액이 더 불리하므로 기준경비율로 신고하는 것이 바람직하다.

만약 J씨가 기장을 했다면 어땠을까?

J씨는 기장을 하지 않아 위와 같이 추계 방식으로 신고했다. J씨가 필요경비를 실질거래에 따라 기장을 해보니 2022년에는 2,000만 원, 2023년에는 2,800만 원이었다고 가정해보자. 기장으로 결산하면 2022년에는 소득금액 1,500만 원, 2023년에는 소득금액 2,200만 원이 나온다.

기장에 따라 신고하면 2022년과 2023년 모두 추계신고 때보다 소득이 적어 유리하다. 일반적으로 기장을 하면 추계신고를 할 때보다 절세효과가 더 크다.

기장을 하지 못했으면 증빙서류라도 철저히 챙기자!

소득금액을 추계할 때는 기준경비율에 의해 소득금액을 계산하기 때문에 일부 경비는 증빙서류가 없으면 실제로 비용을 지출했다 하더라도 비용으로 인정받지 못할 수 있다. 이에 해당하는 주요 증빙 대상은 다음과 같다.

• 매입비용: 상품 · 제품 · 재료 · 소모품 · 전기료 등의 매입비용과 외주

가공비, 운송업의 운반비(음식대금, 보험료, 수리비 등은 제외)

- 임차료: 사업에 직접 사용하는 건축물, 기계장치 등 사업용고정자산의 임차료
- 인건비: 종업원의 급여 · 임금, 일용근로자의 임금, 실제로 지급한 퇴직금

매입비용과 임차료는 세금계산서, 계산서, 신용카드매출전표 등 정규증빙을 받아야 하며, 간이영수증이나 금전등록기영수증을 받은 경우에는 '주요경비지출명세서'를 제출해야 한다. 인건비는 원천징수영수증이나 지급조서 또는 지급 관련 증빙서류를 비치 · 보관해야 한다.

추계신고 후 기장에 의한 경정청구 유의

그렇다면 장부를 기장해 세금을 신고할 것인가, 추계로 신고할 것인가? 사업자 본인이 기장 능력이 되지 않을 경우 세무대리인에게 기장 대행을 의뢰해야 하는데, 그 비용을 감안하고서라도 기장에 의한 신고가 추계에 의한 것보다 유리하다면 당연히 기장을 해 신고하는 것이 좋다.

국세청의 홈택스 서비스를 이용하면 혼자서도 세무신고를 할 수 있다. 즉 소규모 사업자는 국세청 홈택스에 접속해 간편장부로 신고하면 비용까지 절감할 수 있으니 도전해보기 바란다.

단, 추계에 의해 신고를 한 후 기장 방식에 의한 경정청구는 국세청이 인정하지 않고 있으므로, 신고하기 전에 추계 방식과 기장 방식 중 어느 쪽이 유리한지 검토하여 신중하게 선택해야 한다.

주거용과 비주거용 임대소득의 세금은 다르다

세법상 부동산임대소득으로 보는 소득에는 여러 종류가 있다. 부동산의 대여(임대), 부동산상의 권리 지상권, 지역권 등의 대여를 제외한 임차권 등의 대여, 공장(광업)재단의 대여, 채굴권의 대여 등에 의한 소득이 있다. 이 중 부동산의 대여에 해당하는 주거용건물과 비주거용건물(오피스텔 포함)의 임대소득으로 폭을 좁혀 살펴보자.

임대수익에 대한 부가가치세가 다르다

주거용부동산, 즉 주택과 주택건물연면적 또는 주택정착면적의 5배의 부수토지(수도권 내 주거·상업·공업 지역인 경우 2년 미만 보유 시 3배, 도시지역 밖은 10배까지의 토지)의 임대에 대해서는 부가가치세를 면제하고 있다. 하지만 이를 초과하는 토지의 임대 또는 비주거용부동산의 임대에 대해서는 월세뿐 아니라 보증금에도 해당 보증금에 정기예금이자율을 곱한 금액을 부가가치세로 부과한다. 주상복합건물인 경우 주거용 면적이 비주거용 면적보다 크면 전부 주거용으로 간주해 부가가치세를 면제하고, 반대의 경우에는 주거용과 비주거용을 구분해 비주거용부동산의 임대에만 부가가치세를 과세한다.

주거용과 비주거용은 소득세 적용이 다르다

먼저 주택임대소득에 대해서는 해당 주택이 고가주택(과세기간 종료일 또는 양도일 현재 기준시가 12억 원 초과) 또는 해외 소재 임대주택이 아닌 이상 부부 소유 주택이 2채 이상으로 주택임대소득이 월세 방식으로 발생하는 경우에만 소득세를 과세한다. 다만 연간 주택임대수입금액이 2,000만 원 이하인 소규모 주택임대는 분리과세한다. 또한 분리과세주택임대소득만 있는 경우 사업자등록을 하지 않으면 주택임대수입금액의 2%를 가산세로 부담한다. 소규모주택임대소득 분리과세 세액산출 방식은 다음과 같다.

[분리과세 주택임대수입금액 × {1 – 50%(필요경비율)} – 200만 원(주택임대소득을 제외한 종합소득금액 2,000만 원 이하인 경우)] × 14%(단일세율)

※ 등록임대주택: 필요경비율 60%, 기본공제 400만 원 적용

전세(반전세 포함)주택임대라 하더라도 3채 이상인 경우(전용면적 40㎡ 이하, 기준시가 2억 원 이하 주택 제외)에는 보증금 3억 원 초과분의 60% 금액에 정기예금이자율을 곱한 금액에서 해당 보증금을 이용한 금융수익(이자소득, 배당소득 등)을 차감한 금액을 간주임대료 소득으로 하여 소득세를 과세한다. 간주임대료에 대한 자세한 설명은 26장을 참고하자.

또 주거용부동산임대사업에서 발생한 결손금 또는 이월결손금에 대해서는 다른 종합소득금액에서 공제할 수 있으므로, 주택임대사업자가 더 유

리하다. 원칙적으로 부동산임대사업에서 발생한 결손금이나 이월결손금은 부동산임대소득에서만 공제받을 수 있으나 주택임대소득결손금(이월결손금)은 종합소득 합산과세를 하는 경우 다른 종합소득에서 공제할 수 있다.

상가건물 임대료를 인하한 임대사업자를 위한 세금 혜택

「상가건물임대차보호법」에 따른 상가건물을 2021년 6월 30일 이전부터 2023년 12월 31일까지 소상공인에게 임대하고, 임대료를 인하해준 경우 인하액의 70%(기준소득금액 1억 원 초과 시 50%)를 세액에서 공제한다.

▼ 주거용부동산과 비주거용부동산 임대 시 세금 차이

구분	부가가치세	소득세
주거용 부동산 임대	비과세	• 1세대 1주택 임대소득 비과세(기준시가 12억 원 초과 고가주택 및 해외 소재 임대주택 제외) • 부부 합산 주택 2채 이상 중 1채 이상 월세임대소득 과세 • 전세보증금 임대라도 3채 이상(일부 주택[1] 제외)이고 보증금 합계 3억 원 초과 시 초과금액의 60%에 간주임대료 과세 • 주택임대 소득 결손금을 종합소득합산과세 시 다른 소득에서 공제 가능 • 세액감면(소형임대주택[2] 30%, 준공공임대주택[3] 75%)
비주거용 부동산 임대	월임대료와 보증금의 간주임대료	• 월임대료와 임차보증금 전액에 간주임대료 과세 • 비주거용부동산임대사업 결손금이 발생해도 다른 소득에서 공제 불가 • 상가건물을 소상공인에게 임대하면서 임대료를 인하한 임대사업자에게 세금 혜택

1) 전용면적 40㎡ 이하, 기준시가 2억 원 이하 주택

2) 소형임대주택: 전용면적 85㎡ 이하이면서 임대개시일 현재 기준시가 6억 원 이하로 8년 이상 임대하고, 임대보증금과 임대료를 5% 이내로 인상하는 주택

3) 준공공임대주택: 민간임대사업자가 8년 이상 임대하는 전용면적 85㎡ 이하의 2호 이상 임대주택

종합부동산세를 내지 않는 임대부동산

다음에 열거하는 임대부동산(다가구임대주택 포함)은 종합부동산세 대상금액에 합산하지 않으므로 이를 잘 활용해야 한다. 다가구임대주택은 1가구를 1채로 간주한다. 단, 임대보증금 또는 임대료의 인상률이 5% 이내로 임대 중이어야 한다(공공임대주택은 예외).

「공공주택특별법」에 따른 공공주택사업자 또는 「민간임대주택에관한특별법」에 따른 임대사업자로서 과세기준일 현재 주택임대업 사업자등록을 한 뒤 과세기준일 현재 임대하고 있는 다음과 같은 임대주택은 합산배제임대주택으로 종합부동산세 과세 대상에서 제외한다.

① 임대 개시년도 공시가격 9억 원 이하, 전용면적 149㎡ 이하 2호 이상 주택을 임대하여 5년 이상 계속하여 임대하면서 임대료 등의 증가율이 연 5%를 초과하지 않을 것

② 임대개시일 등 기준일에 공시가격 6억 원(비수도권 3억 원) 이하이고, 5년 이상 임대하면서 임대료 등의 증가율이 연 5%를 초과하지 않을 것

③ 임대사업자의 지위에서 2005년 1월 5일 이전부터 임대하고 있던 2호 이상의 임대주택으로서 국민주택규모 이하(2005년도 과세기준일의 공시가격이 3억 원 이하)이고 5년 이상 계속 임대하는 것

④ 민간건설임대주택으로서 전용면적 149㎡ 이하, 합산배제신고를 한 연도의 과세기준일 현재 공시가격이 9억 원 이하이고, 사용승인일 등으로부터 과세기준일 현재까지의 기간 동안 임대된 사실이 없고, 그 임대되지 아니한 기간이 2년 이내일 것

⑤ 법에 따른 부동산투자회사 또는 부동산간접투자기구가 2008년 1월

1일부터 2008년 12월 31일까지 취득 및 임대하는 5호 이상의 매입 임대주택으로서 수도권 밖에 소재하고, 전용면적이 149㎡ 이하로서 2008년도 과세기준일의 공시가격이 6억 원 이하, 10년 이상 계속하여 임대하는 것일 것

⑥ 수도권 밖 미분양매입임대주택(미분양주택으로서 2008년 6월 11일부터 2009년 6월 30일까지 최초로 분양계약을 체결하고 계약금을 납부한 주택에 한정)으로서 매입임대주택과 미분양매입임대주택을 합산하여 5호 이상으로 5년 이상 계속하여 임대하는 것일 것(전용면적 149㎡ 이하, 주택임대를 개시한 날 또는 최초로 합산배제신고를 한 연도의 과세기준일의 공시가격이 3억 원 이하일 것. 다만 2020년 7월 11일 이후 임대사업등록을 신청한 단기민간임대주택과 장기일반민간임대주택 중 민간매입임대아파트 그리고 공공지원민간임대주택 또는 장기일반민간임대주택으로 변경 신고한 주택은 제외)

⑦ 건설임대주택 중 공공지원민간임대주택 또는 장기일반민간임대주택 2호 이상으로 전용면적 149㎡ 이하, 주택 임대를 개시한 날 또는 최초 합산배제신고를 한 연도의 과세기준일의 공시가격이 9억 원 이하일 것, 10년 이상 계속하여 임대하는 것일 것, 임대료 등의 증가율이 100분의 5를 초과하지 않을 것

⑧ 기타 법에서 정한 임대주택

재산세나 종합부동산세는 지방자치단체나 정부에서 부과해 고지하는 세금으로, 공시가격을 기준으로 과세되므로 공시가격이 과대평가된 경우 이의신청을 통해 정상화해야 세금 부담을 줄일 수 있다.

토지를 임대할 때 부가가치세가 붙는 경우

토지를 임대하면 주택과 마찬가지로 임대소득이 발생한다. 그러나 토지는 주택이 아닌 기타 부동산임대소득에 해당하기 때문에 앞서 설명한 것과 같이 다른 소득과 합산하여 종합소득세를 신고한다. 하지만 결손금을 다른 소득에서 공제할 수 없는 불리함이 있다.

토지만을 임대하는 경우는 드물지만 임대 방식은 주차장, 농지, 임야 또는 건축용부지 등 다양하다. 토지 임대 역시 어떤 용도로 임대하느냐에 따라 부가가치세가 달라진다. 토지는 판매할 때는 부가가치세가 면제되는 재화에 속하지만 임대할 때는 재화가 아닌 용역으로 분리되어 용도에 따라 부가가치세가 과세되기도 한다. 하지만 면제되는 경우도 있으니 꼭 알아두자.

부가가치세 면제 여부를 확인하자

일반적으로 주차장 임대, 농지 임대 등 주택용 부수토지가 아닌 토지의 임대에는 부가가치세가 과세되므로 일반 부동산의 임대와 동일하다.

주택부수토지로 임대할 때는 주택과 함께 부가가치세가 면제될 수 있다. 주택이란 상시주거용을 말하며, 기숙사와 같이 사업을 위한 주거용건물의 부속토지는 해당되지 않는다. 또 주택부수토지라 하더라도 부가가치세가 면제되는 부수토지의 면적에는 제한이 있다.

부가가치세가 면제되는 주택부수토지의 한계 = Max(①, ②)

① 건물 정착면적의 5배(수도권 내 주거·상업·공업지역인 경우 2년 미만 보유 시 3배, 도시지역 밖 토지는 10배)

② 주택연면적(지하층과 주차용, 주민공동시설 면적 제외)

한계 면적을 초과하는 토지는 주택부수토지라 하더라도 부가가치세가 과세된다는 점을 알아둘 필요가 있다.

임대주택과 상가가 함께 있는 겸용주택의 부속토지인 경우 주택과 상가 면적의 크기에 따라 달리 취급한다. 주택면적이 상가면적보다 크면 건물 전체를 주택으로 보고 건물부속면적도 주택부수면적으로 보아 총한계면적 내에서 부가가치세를 면제한다. 반대로 상가면적이 주택면적보다 크면 주택면적만 주택으로 보고, 토지도 주택면적 해당 비율만 주택부수토지로 보아 면제 여부를 결정한다.

임대하던 토지를 양도할 때는 해당 토지가 사업용인지, 비사업용인지에 따라 양도소득세 부담 세율이 달라질 수 있는데, 자세한 내용은 46장을 참고하자.

임대부동산 개인으로 할 것인가, 법인으로 할 것인가?

개인과 법인에 부과되는 세금이 다르다

사업을 하다 보면 사옥을 짓거나 임대용부동산을 취득 또는 건설, 매입하는 경우가 생긴다. 이때 해당 사업자는 임대부동산의 명의를 개인으로 할 것인가, 법인으로 할 것인가를 두고 고민에 빠질 수 있다.

어떤 선택을 하는 것이 세금 면에서 더 유리할지 살펴보자. 이때 부가가치세는 차이가 없으므로 고려하지 않아도 된다. 개인명의로 취득할 경우 취득세와 부동산임대소득에 따른 종합소득세, 보유 시 재산세 또는 종합부동산세, 처분 시 양도소득세 또는 상속세와 증여세를 고려해야 한다. 법인명의로 취득할 경우에는 취득세, 법인의 부동산임대소득과 관련된 법인세, 재산세, 처분 시 법인세를 고려해야 한다.

▼ 취득, 운용, 처분 시 사업 형태에 따른 세금

구분	개인	영리법인
취득 시	취득세 등	취득세 등
보유·운용 시	종합소득세, 종합부동산세, 재산세	법인세, 종합부동산세, 재산세
처분 시	양도소득세, 상속증여세	법인세

임대부동산 취득 시

취득세를 보면 표준세율은 동일하지만 법인의 경우 ① 과밀억제권역에서 공장을 신·증설하거나 ② 대도시에서 법인설립 등과 공장 신·증설에 따른 부동산 취득에 대해 8% 또는 12%(①과 ② 동시에 해당할 경우), ②에 해당하면서 골프장 등 사치성부동산을 취득할 때는 16%까지 중과세율을 적용하므로 사전에 철저히 검토할 필요가 있다. 또한 다주택을 취득할 경우 취득세가 중과되므로 유의해야 한다.

임대부동산 운용 시

임대부동산을 운용하면 개인에게는 소득세, 법인에게는 법인세가 부과될 수 있는데, 과세표준 구간별로 개인과 법인의 세율 차이가 있다. 임대소득에 대한 과세표준이 동일하다 하더라도 과세표준 구간이 다르고, 개인이 적용받는 누진세율은 6~45%, 법인은 9~24%이므로 세금의 융통성 면에서 법인이 더 유리하다고 할 수 있다.

<table>
<tr><th>과세표준</th><th>구간별 소득세율</th><th>과세표준</th><th>구간별 법인세율</th></tr>
<tr><td>1,400만 원 이하</td><td>6%</td><td rowspan="2">2억 원 이하</td><td rowspan="2">9%</td></tr>
<tr><td>1,400 ~ 5,000만 원</td><td>15%</td></tr>
<tr><td>5,000 ~ 8,800만 원</td><td>24%</td><td>2억 ~ 200억 원 이하</td><td>19%</td></tr>
<tr><td>8,800만 원 ~ 1억 5,000만 원</td><td>35%</td><td rowspan="3">200억 ~ 3,000억 원 이하</td><td rowspan="3">21%</td></tr>
<tr><td>1억 5,000만 원 ~ 3억 원</td><td>38%</td></tr>
<tr><td>3억 ~ 5억 원</td><td>40%</td></tr>
<tr><td>5억 ~ 10억 원</td><td>42%</td><td rowspan="2">3,000억 원 초과</td><td rowspan="2">24%</td></tr>
<tr><td>10억 원 초과</td><td>45%</td></tr>
</table>

임대부동산 처분 시

임대부동산을 처분할 때는 개인은 양도소득세와 상속증여세, 법인은 법인세가 발생한다. 일반사업용부동산의 양도일 경우 개인과 법인은 세율 차이에 의한 세금 차이가 발생한다. 하지만 주택일 경우 개인은 다주택 여부, 고가주택 여부, 조정지역 소재 여부 등 매우 다양한 요인의 영향을 받게 된다. 법인도 비사업용부동산을 양도할 때는 추가 법인세 부담이 발생한다. 상속증여세는 상속 또는 증여받는 자가 부담하는 세금이므로, 직접 부담하는 세금은 아니나 파생되는 세금으로, 역시 세율 면에서 개인이 불리하다고 볼 수 있다.

앞서 검토한 바와 같이 임대용부동산을 개인명의로 할 것인지, 법인명의로 할 것인지는 세금별로 차이가 있다. 부동산의 소재지(수도권 여부), 부동산가액, 운용소득의 크기 등에 따라 각 단계에서의 세금 유불리가 달라지게 된다. 따라서 부동산의 취득부터 처분까지 전 과정에 걸쳐 있는 세금 문제를 사전에 전문가와 충분히 상의한 후 의사결정을 하는 것이 좋다.

Common Sense Dictionary of Reducing Real Estate Tax

4

넷째 마당

부동산 양도 시 세금 재테크

매매차익에 따라 부과되는 양도소득세

아파트 같은 주거용부동산조차 주거 목적보다는 투자자산의 하나로 취급되고 있는 현실에서 양도소득세는 부동산 투자에서 가장 큰 영향을 미치는 세금이다. 특히 주택과 관련된 양도소득세는 정부의 부동산 대책으로 수시로 바뀌고, 매우 복잡하다. 그래서 부동산을 거래할 때는 사전에 충분히 검토한 후 의사결정을 해야 한다.

양도소득세란?

양도란 등기·등록 여부와 관계없이 자산을 매도·교환하거나 법인에 현물출자 등을 함으로써 사실상 그 자산이 유상으로 이전되는 것을 말한다. 그리고 양도소득세는 부동산 등을 양도함에 따라 해당 자산의 보유기간 동안 발생한 차익, 즉 양도소득에 부과되는 세금을 말한다.

자산을 증여할 때도 양도가 일어날 수 있다. 예컨대 전세보증금 1억 원이 있는 5억 원의 건물을 증여하면서 보증금을 증여받은 자(수증자)가 반환하는 경우 증여와 양도가 동시에 발생한다. 이를 '부담부증여'[1]라고 하는데, 전세보증금 같은 증여자의 채무를 수증자가 인수하는 경우 증여가액 5억 원 중 그 채무액(보증금)에 상당하는 1억 원은 자산이 사실상 유상으로 이전되기 때문에 양도가 되고, 나머지 4억 원만 증여에 해당된다.

양도소득세 대상이 되는 부동산

세법은 양도소득세 대상이 되는 부동산을 3가지로 구분하여 과세 방식과 세율에 차이를 두고 있다.

① 토지 또는 건물 등 부동산

② 부동산에 관한 권리: 입주권 등 부동산을 취득할 수 있는 권리. 지상권, 전세권, 등기된 부동산임차권 등

③ 기타 부동산에 준하는 자산

㉠ 토지, 건물, 부동산을 취득할 수 있는 권리와 함께 양도하는 영업권

㉡ 골프장 등 특정시설물을 배타적으로 또는 일반 이용자보다 유리한 조건으로 이용할 수 있는 이용권 · 회원권, 주식 등

㉢ 주식 등을 발행한 법인의 자산총액에서 부동산 · 부동산권리가 차지하는 비중이 50% 이상인 법인 또는 주주 1인, 특수관계자의 지분이 50% 이상에 해당하는 법인의 대주주나 특수관계자가 법인 주식총액의 50% 이상을 양도하는 경우 그 주식

---

1 **부담부증여(負擔附贈與)** 증여를 받는 사람에게 일정한 급부(給付)를 할 의무를 부담하게 하는 증여. 예를 들어 전세보증금(1억 원)이 있는 건물을 증여하면서 보증금 반환의무까지 부담하도록 증여하는 것을 부담부증여라고 한다.

부동산의 양도 · 취득시기가 중요한 이유

부동산의 양도·취득시기는 동전의 양면과 같아 동일한 거래시점을 각각 양도자와 취득자 입장에서 보는 것에 불과하다. 다시 말해 동일한 거래일이 양도자에게는 양도일이고, 취득자에게는 취득일이다.

이러한 양도·취득시기가 언제인지는 양도소득세 계산에서 매우 중요하다. 보유기간 특례(양도소득세 비과세 또는 적용세율 차이, 장기보유특별공제 등)가 있어 단 하루 차이로 세금이 크게 차이가 날 수 있기 때문이다. 세법에서 정하고 있는 양도·취득시기는 다음 표와 같다.

▼ 양도소득세의 기준이 되는 양도·취득시기

구분	양도·취득시기
원칙	대금청산일(잔금지급일)
잔금지급일이 불분명한 경우	등기부, 등록부, 명부 등에 기재된 등기접수일 또는 명의 개서일
잔금지급 전 소유권이전등기 등을 한 경우	
장기할부조건 양도일 경우	소유권이전등기일, 인도일, 사용수익일 중 빠른 날
자가건설한 건축물 취득	사용검사필증 교부일 또는 사실상의 사용일 중 빠른 날 또는 소유권 소송으로 수용보상금이 공탁된 경우 소유권 소송 판결확정일
상속·증여에 의한 취득	상속이 개시된 날(사망일 등) 또는 증여를 받은 날
여러 차례에 걸쳐 양도하는 특정(부동산법인, 과점법인) 주식	주주 1인과 특수관계자가 양도하는 주식의 합계액이 50% 이상 양도되는 날

양도소득세는 보유기간에 따라 다음 표와 같이 부과된다. 다주택자가 조정지역 소재 주택을 양도하는 경우 2021년 6월 1일부터 2주택자는 기본세율 + 20%, 3주택자는 기본세율 + 30%가 중과되었다. 다만 2024년 5월

9일까지 양도할 경우에는 중과세가 한시적으로 유예된다. 또 주택(조합원입주권 및 분양권 포함)을 단기보유하고 양도하는 경우 보유기간이 1년 미만일 때 70%, 2년 미만일 때 60%가 적용된다.

▼ 부동산 종류와 보유기간에 따른 기본세율

구분			보유기간에 따른 세율
등기부동산	토지, 건물	2년 이상	누진세율
		1년 이상 ~ 2년 미만	40%
		1년 미만	50%
	비사업용토지[1]		누진세율 + 10%(16~55%)
	분양권	2년 이상	60%
		1년 이상 ~ 2년 미만	60%
		1년 미만	70%
	주택 및 조합원 입주권	2년 이상	누진세율
		1년 이상 ~ 2년 미만	60%
		1년 미만	70%
미등기 부동산 등			70%

1) 2009.3.16~2012.12.31에 취득한 비사업용토지는 기본세율(보유기간 2년 미만 40% 또는 50%) 적용

양도소득세는 반드시 예정신고할 것

양도소득세 예정신고를 하지 않을 경우 산출세액의 10%에 해당하는 가산세를 부과하고 있으므로, 반드시 예정신고를 해야 한다. 양도일이 속하는 달 말일로부터 2개월 후 말일까지 신고하지 않으면 가산세를 물게 된다.

양도소득세의 계산 구조와 세액 계산

양도소득세를 절세하려면 어떻게 해야 할까? 양도소득세 계산 구조를 통해 세테크 방법을 찾아보자. 양도소득세 계산 구조를 살펴보면 항목별로 절세 팁을 찾을 수 있다.

양도소득세 계산식
양도가액(실거래가액) (−) **필요경비**(취득가액 · 환산가액 + 기타 필요경비)
(=) **양도차익** (−) **장기보유특별공제**(토지 · 건물 3년 이상 보유 시 양도차익의 6~80% 공제)
(=) **양도소득금액** (−) **기본공제**[양도자산 종류(4종)별로 연간 250만 원]
(=) **과세표준** (×) **세율**[기본세율(6~45%, 16~55% 또는 26~65%, 36~75%), 보유기간에 따른 세율]
(=) **산출세액**

또 양도소득세 계산을 위한 과세표준별 세율은 다음 표와 같이 누진세율로 계산한다. 자주 쓰이는 식이니 잘 봐두는 것이 좋다.

▼ 세금의 과세표준별 누진세율

과세표준 구간	기본세율과 속산표	
1,400만 원 이하	6%	과세표준 × 6%
1,400만 원 초과 ~ 5,000만 원 이하	15%	과세표준 × 15% − 126만 원
5,000만 원 초과 ~ 8,800만 원 이하	24%	과세표준 × 24% − 576만 원
8,800만 원 초과 ~ 1억 5,000만 원 이하	35%	과세표준 × 35% − 1,544만 원
1억 5,000만 원 초과 ~ 3억 원 이하	38%	과세표준 × 38% − 1,994만 원
3억 원 초과 ~ 5억 원 이하	40%	과세표준 × 40% − 2,594만 원
5억 원 초과 ~ 10억 원 이하	42%	과세표준 × 42% − 3,594만 원
10억 원 초과	45%	과세표준 × 45% − 6,594만 원

필요경비로 양도차익을 줄일 수 있다

앞의 표에서 양도차익은 양도가액에서 필요경비를 공제한 금액이다. 양도가액은 실제 거래가액(매매가액, 수용가액[1] 등)을 말하므로 변동의 여지가 없다. 필요경비는 취득 시 실거래가액에 자본적 지출[2]과 양도비를 더한 금액이지만, 취득 시 실거래가액이 불확실한 경우 몇 가지 대안이 존재한다.

우선 양도자가 자산 취득 당시의 실거래가액을 확인한 경우에는 실제 거래가액이 취득가액이 된다. 하지만 상속 또는 증여받은 자산의 취득가액은 상속개시일 또는 증여취득일 현재 「상속세및증여세법」 규정에 따라 평가한 가액(신고가액 포함)을 취득가액으로 본다.

---

1 **수용가액** 법률 등에 의해 부동산을 강제 수용할 경우 해당 부동산의 수용에 따른 보상

2 **자본적 지출** 부동산의 용도 변경, 시설 개선 등으로 가치를 인상시키는 지출

특히 취득 당시 실제 거래가액을 인정 또는 확인할 수 없을 때는 환산가액을 적용하는데, 환산가액의 계산식은 다음과 같다.

환산취득가액 = 양도 당시의 실제거래가액(매매사례가액 또는 감정가액) × 취득 당시 기준시가 ÷ 양도 당시 기준시가

이처럼 취득가액으로 환산가액을 택할 경우 필요경비는 납세자의 선택에 따라 다음 둘 중 하나로 선택된다.

① 환산취득가액 + 개산공제금액(토지 및 건물의 경우 기준시가의 3%, 지상권 혹은 전세권의 경우 7%, 기타 자산의 경우 1%)

② 실제 자본적 지출 + 양도비

두 선택지 중 ②를 선택할 경우 취득가액은 0원으로 본다. 그런데 환산가액을 취득가액으로 적용할 경우 가산세를 부담할 수 있으니 유의해야 한다. 즉 건물을 신축한 후 취득일로부터 5년 이내에 양도하는 경우 환산가액을 적용하면 환산가액의 5%를 결정세액에 가산하거나 세금으로 부담한다.

한편 필요경비에는 취득가액은 물론 취득에 따른 부대비용인 취득세 및 등기 관련 수수료 등이 포함되며, 그 밖에 기타 필요경비로 다음과 같은 자본적 지출액과 양도비용 등이 포함된다.

① 자산의 용도 변경, 개량 또는 이용편의를 위해 지출한 비용 등 자본적지출액

② 자산을 취득할 때 쟁송이 있는 경우 소유권을 확보하기 위해 직접 소용된 소송비용, 화해비용 등의 금액

③ 「개발이익환수에관한법률」에 따른 개발부담금 또는 「재건축초과이

익환수에관한법률」에 따른 재건축부담금

④ 기타 이와 유사한 비용

⑤ 자산 양도를 위해 직접 지출한 비용

㉠ 증권거래세, 양도세신고서 작성비용, 공증비용, 인지대, 소개비 등

㉡ 국민주택채권 · 토지개발채권을 환가하는 과정에서 발생한 매각 차손

⑥ 재해 · 노후화 등 부득이한 사유로 재건축한 경우 철거비용

3년 이상 보유하면 장기보유특별공제 가능(중과대상 다주택자 제외)

양도차익에 대한 장기보유특별공제는 토지 · 건물을 3년 이상 보유한 경우 양도차익의 최저 6%에서 최대 80%까지 공제해주는 제도다. 단, 공제율은 1세대 1주택인 경우와 그 이외의 경우로 구분된다. 보유기간을 계산할 때는 취득일 당일부터(초일 산입) 양도일 전일까지 역년으로 계산한다. 예를 들어 2020년 1월 1일에 취득한 경우 3년 보유 요건을 충족하려면 2022년 12월 31일까지 보유하고 2023년 1월 1일 이후에 양도해야 한다.

1세대 1주택에 해당하면 2년 이상 보유 · 거주한 경우 최저 8%에서 연간 보유기간 4%, 거주기간 4%씩 모두 10년 이상인 경우 최대 80%까지 공제받을 수 있다. 1세대 1주택이 아닌 토지나 건물은 보유기간이 최소 3년 이상, 4년 미만인 경우 연간 2%씩 최저 6%에서 보유기간이 15년 이상인 경우 최대 30%까지 공제가 가능하다. 조정지역 소재 2주택 이상에 해당하는 주택, 미등기부동산, 조합원입주권이 아닌 부동산권리에 해당하는 분양권 등은 장기보유특별공제를 받을 수 없다.

▼ 장기보유특별공제율

구분	1세대 1주택(연 최대 8%씩)		기타 토지, 건물(연 2%)
	보유기간 4%	거주기간 4%	
2년 이상 ~ 3년 미만	-	8%	-
3년 이상 ~ 4년 미만	12%	12%	6%
4년 이상 ~ 5년 미만	16%	16%	8%
5년 이상 ~ 6년 미만	20%	20%	10%
6년 이상 ~ 7년 미만	24%	24%	12%
7년 이상 ~ 8년 미만	28%	28%	14%
8년 이상 ~ 9년 미만	32%	32%	16%
9년 이상 ~ 10년 미만	36%	36%	18%
10년 이상(한도 30%)	40%	40%	20~30%

▼ 다주택자 및 중과세 여부 판단

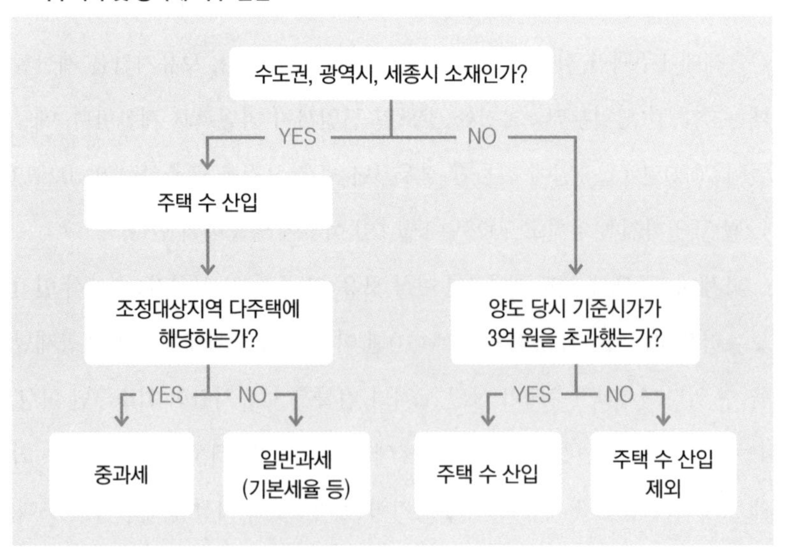

기본공제는 4종류 자산별로 1년에 각각 250만 원씩

양도소득세 계산 시 양도소득금액에서 공제하는 기본공제는 다음 4종류 자산으로 구분해 1년에 각각 250만 원씩 공제받을 수 있다.

① 토지 · 건물, 부동산에 관한 권리, 기타 자산(미등기양도자산은 제외)의 양도소득금액

② 주식, 출자지분의 양도소득금액

③ 파생상품 등 거래의 양도소득금액

④ 신탁수익권의 양도소득금액

양도소득세 계산 사례

사례 K씨는 2019년에 취득한 아파트를 2023년에 팔려고 한다. 이와 관련된 정보는 다음과 같다. K씨가 내야 할 양도소득세는 얼마일까?

- 등기접수일: 2019년 10월 5일, 잔금청산일: 2019년 9월 30일, 양도예정일: 2023년 10월 15일
- 취득가액: 5억 원
- 취득세 · 등록세 과세표준: 3억 원(취득세 · 등록세, 기타 수수료 1,250만 원, 지급영수증 있음)
- 매매가액: 15억 원
- 취득 · 양도 시 중개수수료: 500만 원
- K씨는 1세대 1주택자(고가주택)에 해당되고, 취득과 동시에 계속 거주함

양도소득세 계산 절차

- 고가주택의 양도차익 = (양도가액 - 취득가액 - 기타 필요경비) × {(양도가액 - 12억 원) ÷ 양도가액} = (15억 원 - 5억 원 - 1,250만 원 - 500만 원) × {(15억 원 - 12억 원) ÷ 15억 원} = 1억 9,650만 원
- 장기보유특별공제 = 1억 9,650만 원 × 40% = 7,860만 원
- 양도소득 과세표준 = 1억 9,650만 원 - 7,860만 원 - 250만 원(기본공제) = 1억 1,540만 원
- 양도소득세 산출세액(결정세액) = 1억 1,540만 원 × 35% - 1,544만 원(35% 누진세율 구간 차감액) = 2,495만 원

K씨의 경우 장기보유특별공제는 2022년 9월 말 이전 양도 시 4년 보유 및 거주로 32%, 10월 이후 양도 시 5년 보유 및 거주로 40%가 공제된다. 따라서 10월 이후에 양도하는 것이 유리하다.

최종 세액이 1,000만 원을 초과하므로 예정신고기한인 12월 말까지 1차분 12,475,000원을, 다음 해 2월 말까지 2차분 12,475,000원을 납부하면 된다.

양도소득세의 10%에 해당하는 지방소득세 2,495,000원이 부가되며, 이는 분납이 되지 않으므로 12월 31일까지 거주지 관할지방자치단체에 납부해야 한다.

양도소득세의 기준이 되는 실거래가액

실거래가액을 확인할 수 없다면?

양도가액과 취득가액은 양도·취득 당시의 실거래가액(실제 매매가액)을 원칙으로 하고 있다. 장부나 매매계약서, 영수증 등 기타 서류에 의해 실거래가액을 인정 또는 확인할 수 없을 때는 다음과 같은 추계 방법에 의한 금액을 순차로 적용한다.

① 매매사례가액 → ② 감정가액 → ③ 환산가액 → ④ 기준시가

매매사례가액은 기준일(양도나 취득일) 전후 각 3개월 이내에 해당 자산과 동일성, 유사성이 있는 자산의 매매 사례가 있는 경우 그 가액을 말한다.

감정가액은 기준일 전후 각 3개월 이내에 해당 자산에 대해 둘 이상의 감정평가업자가 평가한 감정가액의 평균액을 말한다. 기준시가 10억 원 이하인 경우 하나의 감정평가업자의 평가금액으로 신빙성이 있을 때도 인정한다.

환산가액은 양도 당시의 실제 거래가액, 매매사례가액 또는 감정가액을

양도·취득 당시의 기준시가에 따라 환산한 취득가액을 말한다. 환산가액은 취득가액을 추정할 때만 쓰며, 계산식은 다음과 같다.

> 취득환산가액 = 양도 당시의 실제 거래가액[1] × (취득 당시의 기준시가 ÷ 양도 당시의 기준시가)

1) 매매사례가액, 감정가액

신축 또는 증축(바닥면적 85㎡ 초과의 경우)한 건물을 5년 이내에 양도할 때 취득가액을 감정가액·환산가액으로 적용하면 환산취득가액·증축부분감정가액의 5%를 가산세로 납부해야 한다는 점을 유의해야 한다.

마지막으로 기준시가는 토지에 대해서는 기준일 현재 고시되어 있는 개별공시지가, 건물 등에 대해서는 국세청 기준시가를 말한다.

여기서 유의할 점은 양도가액을 실거래가액으로 할 때는 취득가액도 실거래가액(또는 환산가액)을 적용하며, 양도가액을 기준시가로 할 때는 취득가액도 기준시가로 한다는 점이다.

하지만 기준시가 적용은 예외적인 경우(2005년 이전 거래분이거나 세무서의 결정 또는 경정 시)에 한정되어 있다. 따라서 양도소득세신고 실무에서는 보통 양도가액은 실거래가액으로, 취득가액은 실거래가액 또는 환산가액으로 하는 경우가 대부분이다.

실거래가액과 환산가액 비교는 필수

여기서 절세 팁이 나온다. 결국 취득가액은 실거래가액과 환산가액을 비교해 유리한 쪽(취득가액이 더 큰 쪽)을 선택해 적용할 수 있다. 다만 직전 양도자가 양도소득세를 실거래가액으로 신고했거나 세무서가 실거래가를 확인하는 경우 환산가액을 적용할 여지가 없다. 나중에 실거래가가 확인된 경우 환산가액이 부인될 수도 있기 때문이다.

사례 L씨는 7년 전에 4억 원에 취득한 비조정지역 소재 아파트를 양도하려고 한다. 현재 L씨는 1세대 2주택 해당자다. 양도금액은 7억 원이고, 기타 필요경비는 1,500만 원이다. 취득 당시 공시가격은 3억 원, 양도 당시 공시가격은 5억 원이다. 직전 양도자는 양도소득세 비과세여서 신고를 하지 않았고, 세무서도 실거래가를 확인할 수 없다. L씨가 양도소득세를 유리하게 신고하려면 어떻게 해야 할까?

▼ 취득가액의 신고 종류에 따라 달라지는 양도차익

구분	실거래가액	환산가액
양도가액	7억 원	7억 원
필요경비(취득가액 포함)	4억 원 + 1,500만 원	4억 2,000만 원[1] + 900만 원[2]
양도차익	2억 8,500만 원	2억 7,100만 원
양도소득세(지방소득세 포함)	96,745,000원	90,893,000원

1) $\text{환산취득가액} = \text{7억 원} \times \frac{\text{3억 원(취득 당시 공시가격)}}{\text{5억 원(양도 당시 공시가격)}} = \text{4억 2,000만 원}$

2) 취득가액 환산 시 기타 필요경비는 취득 당시 공시가격(3억 원)의 3%인 개산공제금액(900만 원)을 공제한다.

표를 통해 알 수 있듯, 양도가액은 동일하지만 취득가액은 실거래취득가액인지, 환산취득가액인지에 따라 차이가 날 수 있다.

단, 실거래취득가액은 2가지 경우에 가능하다. 당시 거래를 입증할 수 있는 매매계약서를 구비하고 있거나, 직전 양도자가 세무서에 양도소득세 신고를 실거래가로 한 경우다. 특히 두 번째 경우 세무서에서 그 사실을 확인한다면 실거래취득가액으로 양도소득세를 신고하도록 할 것이며, 환산취득가액은 부인될 수 있다. 즉 환산취득가액은 직전 양도자가 양도소득세신고 시 실거래취득가액으로 신고하지 않았고, 세무서도 확인할 수 없는 경우에 선택할 수 있는 방안이라고 보면 된다.

L씨는 직전 양도자의 신고가 없고 세무서 또한 확인할 수 없으므로 환산취득가액으로 신고해도 무방하며, 세금 면에서 약 585만 원(지방소득세 포함)을 절세할 수 있다.

상속 또는 증여받은 자산을 양도할 때 취득가액은?

상속개시일 또는 취득일(평가 기준일) 현재 「상속세및증여세법」의 규정에 따라 평가한 가액을 취득 당시의 실거래가액으로 본다. 이는 상속이나 증여는 유상거래가 아니어서 상속이나 증여시점에 자산의 시가를 파악하기 어렵기에 나타난 고육책이라 할 수 있다.

「상속세및증여세법」상 자산의 실거래가액은 상속개시일 전후 6개월(증여는 증여일 전후 3개월) 이내에 확인되는 다음의 가액을 말한다.

- 매매, 감정, 수용, 경매가 있는 경우에는 각각 해당 거래가액
- 둘 이상 감정평가업자의 감정평가액 평균액
- 보상가액, 경매가액

단, 해당 기간에 시가로 보는 가액이 둘 이상일 때는 기준일로부터 가장 가까운 날에 해당하는 가액을 따른다.

하지만 위 사항에 해당하는 가액이 없을 때는 보충적 평가 방법으로 자산을 평가한다. 즉, 토지는 기준일 현재의 개별공시지가, 건물은 국세청 기준시가를 취득가액으로 본다.

그런데 이러한 보충적 평가 방법은 나중에 이 자산을 양도할 때 불리하게 작용할 수도 있다. 양도가액은 시가인데 취득가액은 기준시가를 적용하기 때문에 양도차익이 커지게 마련이다. 따라서 향후 양도소득세가 커질 것으로 예상되면 이를 감안해 상속세를 신고할 때 비용을 들여서라도 감정평가가액으로 신고하거나 매매사례가액을 신고가액으로 하여 세무서에서 결정하도록 하는 방안도 고려할 필요가 있다.

취득가액·경비 입증으로 양도소득세 절약하는 법

양도소득세 실무를 하다 보면 '소 잃고 외양간 고친다'라는 격언이 떠오를 때가 많다. 의뢰인들이 양도차익이 큰 부동산을 양도하면서 세금이 많이 나오면 그제야 과거에 인테리어 등으로 큰 지출이 있었는데 그에 대한 증빙이 없어 탄식하는 경우를 종종 보기 때문이다.

부동산 양도와 관련된 세금은 대체로 액수가 크다. 그러니 평소에 부동산과 관련해 발생하는 모든 지출을 꼼꼼히 기록하고, 그와 관련된 증빙은 빠짐없이 챙겨두는 것이 절세의 지름길이다.

양도와 관련된 세무상 증빙에는 어떤 것들이 있을까?

필요경비 입증 서류

필요경비는 부동산을 취득할 때의 매입금액과 취득부대비용, 자본적지출 및 기타 양도비용으로 구분할 수 있다.

① 매입금액은 매매계약서상의 거래금액을 말한다.

② 취득부대비용은 취득이나 등기 관련 수수료, 세금(취득세, 지방교육세,

등록면허세, 농어촌특별세), 취득 시 매입해야 하는 국민주택채권[1] 할인액, 「개발이익환수에관한법률」에 따른 개발부담금[2], 「재건축초과이익환수에관한법률」에 따른 재건축부담금[3] 등과 약정에 의한 이자 상당액, 취득 관련 소송에 따라 직접 소요된 소송·화해비용, 중개수수료 등이 포함된다.

③ 자본적 지출액은 자산의 용도 변경이나 개량 또는 이용편의를 위해 지출하는 금액을 포함한다.

취득가액 입증 서류

기타 양도비용도 경비로 인정받을 수 있다. 기타 양도비용은 자산의 양도와 관련된 비용으로서 증권거래세, 양도소득세신고서나 계약서 작성비용, 공증비용, 인지대, 소개비, 기타 이와 유사한 비용을 말한다. 이를 필요경비로 인정받으려면 세금납부영수증, 세금계산서(신용카드매출전표, 현금영수증

---

1 **국민주택채권** 「주택도시기금법」에 따라 정부와 지방자치단체로부터 면허·인허가를 받거나 등기·등록을 신청 또는 건설공사의 도급계약을 체결하는 자가 매입하는 채권을 말한다.

2 **개발부담금** 국가 또는 지방자치단체로부터 허가·인가·면허 등을 받아 택지개발사업·공업단지조성사업 등 각종 개발사업을 시행하는 사업자가 「개발이익환수에관한법률」에 의해 정부에 납부하는 부담금을 말한다.

3 **재건축부담금** 재건축사업으로 인해 정상적인 주택가격 상승분을 초과해 당해 재건축조합 또는 조합원에 귀속되는 주택가액의 증가분 중에서 법에 따라 국토해양부장관이 부과·징수하는 일정 금액을 말한다.

등), 각종 영수증 등 증빙을 갖추고 있어야 한다.

취득가액을 입증할 수 있는 자료는 매매계약서(경우에 따라서는 계좌이체 기록도 필요), 세금납부영수증, 수수료지급영수증, 부담금납부영수증, 소송·화해비용 입증서류 등이다. 자본적 지출과 관련해서는 반드시 세금계산서(신용카드매출전표 등 증빙) 또는 계좌이체 기록, 영수증 등이 필요하다.

사업용 부동산의 감가상각비는 양도차액에 가산

다만 이렇게 취득한 자산을 사업용으로 사용하면서 감가상각을 해오다 양도할 경우 양도소득세 계산에서는 취득가액에서 감가상각누계액을 제외한 장부가액을 취득가액으로 한다는 점을 유의해야 한다. 감가상각비가 사업소득금액 계산 시 이미 필요경비에 산입되어 절세에 이용되었기 때문에 이중공제가 되지 않는 것이다. 따라서 양도세 부담이 클 것으로 예상되면 사업소득세 계산 시 감가상각을 최소한으로 하는 것이 유리할 수 있다.

1세대 1주택자의 비과세 요건

※ 2022년 5월 10일부터 2024년 5월 9일까지 조정지역 소재 다주택자에 대한 양도소득세 중과를 한시적으로 배제하고, 1세대 1주택자 비과세 보유 및 거주 요건, 일시적 2주택 요건도 완화된다. 따라서 본문 161~182쪽 관련 내용도 한시적으로 적용하지 않으니 유의하자.

양도소득세는 부동산시장에 대한 정부의 강력한 정책 개입 수단 중 하나다. 여러 가지 원인으로 발생하는 부동산가격 폭등, 투기현상을 억제하는 정책의 일환으로 양도소득세 제도가 활용되고 있다. 그런 탓에 양도소득세의 계산 구조는 비교적 단순하지만 그 내용은 꽤 복잡하다. 과세와 비과세, 중과세, 특례 등 여러 가지 정책적 고려들을 반영한 결과다.

따라서 양도소득세 절세의 핵심은 이러한 다양한 특례들을 이용하거나 중과세를 회피하는 데 있다고 할 수 있다. 1세대 1주택자, 2주택자, 3주택 이상자, 토지 소유자 등으로 구분해 비과세 요건과 절세 대책을 살펴보자.

양도소득세 비과세

우선 양도소득세 비과세 내용을 살펴보자. 양도소득세 비과세의 핵심은 '1세대 1주택 비과세' 제도다. 2019년 기준 가구 수는 2,034만 가구, 주택 수는 2,131만 호로 주택보급율은 약 104%다. 이 가운데 법인 등이 보유한 주택이 아닌 개인 소유 주택 수는 1,812만 호이고, 1가구 1주택 비율은 72.3%,

1가구 2주택 비율은 20.1%, 1가구 3주택 이상 비율은 4.8%로 나타났다.

통계를 보면 1가구 1주택 세대가 압도적 다수를 구성하고 있음을 알 수 있다. 부동산 투기 억제가 소수의 다주택자, 특히 3주택 이상자에 맞추어 효과를 얻을 수 있다면, 사회적 문제는 크지 않을 것으로 보는 이유다.

이 때문에 '양도소득세 중과세'라는 부동산 투기 억제정책은 1주택 보유 세대를 제외한 2주택 이상자에 맞추어져 있다. 1주택자라고 해서 모두 양도소득세가 비과세되는 것은 아니다. 세법에서는 1세대 1주택 비과세 요건을 크게 3가지로 정하고 있으며, 이 3가지 요건을 모두 충족해야만 양도소득세를 완전히 비켜갈 수 있다.

▼ 1세대 1주택 비과세 요건

보유기간 (또는 거주기간)	2년 이상 보유 • 비거주자가 거주자로 전환된 경우는 3년 이상 보유 • 조정지역 주택은 보유기간 중 2년 이상 거주
세대 요건	세대별로 1주택이어야 하고, 세대분리는 원칙상 30세 이상 또는 기혼자일 때만 인정
가격 요건	양도 당시 고가주택[1]이 아니어야 함

1) 고가주택: 주택·부수토지 합계 시가가 12억 원을 초과하는 주택

보유기간은 2년 이상(조정지역 주택은 거주기간 포함), 하지만 예외도 있다

양도하는 주택의 보유기간은 2년 이상(비거주자가 거주자[1]가 된 경우는 3년)이어야 한다. 다시 말해 양도하는 주택은 1세대가 2년 이상 보유한 주택이어야 한다. 단, 서울의 서초구·강남구·송파구·용산구(2023년 1월 현재) 조정대상지역[2] 소재 주택인 경우 보유기간 중 2년 이상 거주 요건을 동시에 충족해야 한다.

그런데 사람이 살다 보면 불가피하게 집을 처분해야 하는 일이 생기게 마련이다. 1세대 1주택자로서 보유기간(또는 거주기간) 요건이 충족되지 않아도 다음과 같이 불가피한 경우에는 비과세된다.

① 취학이나 질병요양 또는 근무상 형편으로 세대원 전원이 다른 시·군으로 주거를 이전하게 되어 1년 이상 거주한 주택을 양도하는 경우, 즉 유치원과 초등학교, 중학교를 제외한 「초중등교육법」에 의한 학교(고등학교 이상을 말함), 「고등교육법」에 의한 학교(각종 대학교)에 취학하는 경우 그리고 1년 이상 치료나 요양을 필요로 하는 질병치료와 요양을 위해 이사하는 경우, 직장의 변경이나 전근 등의 사유로 이사하는 경우가 이에 해당된다.

② 법률에 의한 수용 또는 협의매수인 경우(사업인정고시일 전에 취득한 주택

---

1 **비거주자/거주자** 거주자는 국내에 주소를 두거나 1년 이상 거소를 둔 개인을 말하며, 비거주자는 거주자가 아닌 자를 말한다. 국적이나 외국 영주권 취득 여부와 무관하며, 거주기간·직업·국내에 생계를 같이 하는 가족 및 국내 소재 자산의 유무 등 생활관계 등으로 판단한다.

2 **조정대상지역** 주택분양 등이 과열되거나 그 우려가 있는 지역(과열지역)과 주택분양·매매 등 거래가 위축되어 있거나 그 우려가 있는 지역(위축지역)으로 국토부장관이 지정한 지역(2023년 1월 현재 서울의 서초구·강남구·송파구·용산구에 한함)

및 부수토지에 한함) 거주 및 보유기간 제한이 없으나, 양도일 또는 수용일로부터 5년 이내에 양도해야 한다. 그리고 해외이주 또는 1년 이상 세대원 전원이 출국하는 경우(취학이나 근무상 형편 등으로)에도 보유요건에 제한이 없으나, 출국일로부터 2년 이내에 양도해야 한다.

③ 「민간임대주택에관한특별법」 및 「공공주택특별법」에 따른 공공건설임대주택을 취득해 양도하는 경우로, 이 주택을 임차한 날로부터 양도일까지 세대 전원(취학 등 구성원 제외)의 거주기간이 5년 이상이라면 비과세된다.

세대 요건을 충족해야 한다

1세대란 거주자와 그 배우자, 그들과 동일한 주소 또는 거소에서 생계를 같이하는 가족과 함께 구성하는 집단이다. 양자의 직계존비속(그 배우자 포함)과 형제자매를 포함하며, 취학·질병요양·근무상 또는 사업상의 형편으로 본래의 주소나 거소를 일시퇴거한 사람까지 포함한다.

가령 남편 명의로 서울에 아파트를 가진 세대가 부인 또는 자녀 명의로 주택을 취득했다면 1세대 2주택이 되어 비과세 혜택을 받을 수 없다. 이 때문에 1세대 1주택 특례를 위해 세대를 분리하여 주택을 취득하는 경우가 있는데, 설사 세대를 분리하더라도 미혼인 경우에는 별도의 세대로 인정되지 않을 수 있다. 미혼자가 주민등록 분리를 해 하나의 세대로 인정받으려면 다음 요건을 갖추어야 한다.

- 30세 이상일 것

- 30세 미만인 경우

  ① 배우자가 사망하거나 이혼한 경우

  ② 기준중위소득[3]의 40% 이상으로서 소유주택 등을 유지 · 관리하며 독립된 생계를 꾸려나갈 수 있는 경우

  단, 미성년자라면 결혼이나 가족의 사망 등 불가피한 경우에만 독립된 세대로 인정된다.

양도 당시 시가가 12억 원을 넘지 않아야 한다

마지막으로, 양도 당시 시가가 고가주택 기준금액인 12억 원을 넘지 않아야 한다. 세법은 고가주택에 대해서는 비과세나 감면을 배제하고 있다. 따라서 1세대 1주택자라 하더라도 그 주택의 양도 당시 주택 · 부수토지를 합한 시가가 12억 원을 초과하면 총양도소득 중 12억 원에 해당하는 양도소득까지는 비과세이지만, 이를 초과하는 소득분은 과세한다.

참고로, 주택과 부수토지의 소유자가 각각 다른 경우에도 주택 및 그 부수토지의 양도가액의 합계액이 12억 원을 초과하거나, 주택의 일부분을 양도한 금액이 전체로 환산했을 때 12억 원을 초과하는 경우에는 이를 고가주택으로 본다. 또한 고가주택을 여러 사람이 공동으로 소유하고 있을 때는 공동 소유자 각인이 1주택을 소유한 것으로 간주한다. 하지만 그 공동 소유자가 동일 세대에 해당하는 경우에는 세대별 공동 소유자의 지분을 1주택으로 보아 비과세 규정을 적용하고 있다.

---

3 **기준중위소득** 보건복지부장관이 급여 기준 등에 활용하기 위해 고시하는 국민가구 소득의 중위값

사례 M씨가 3년 전 5억 원에 취득한 아파트(1세대 1주택에 해당)에서 2년간 살다가 15억 원(고가주택)에 팔았는데, 그 과정에서 필요경비가 3,000만 원 발생했다. 이때 과세 대상 소득을 계산해보자.

- 총양도차익 = 15억 원(양도가격) - 5억 원(취득가격) - 3,000만 원(필요경비) = 9억 7,000만 원
- 장기보유특별공제 = 9억 7,000만 원 × 20%(3년 보유 및 2년 거주) = 1억 9,400만 원
- 양도소득금액 = 양도차익 - 장기보유특별공제 = 7억 7,600만 원
- 12억 원 초과분 비율 = (양도가액 - 12억 원) ÷ 양도가액 = (15억 원 - 12억 원) ÷ 15억 원 = 0.2
- 과세 대상 양도소득금액 = 7억 7,600만 원 × 0.2 = 1억 5,520만 원
- 양도소득세 = {(1억 5,520만 원 - 250만 원(기본공제)) × 38% - 1,994만 원(38% 구간 누진공제액)} × 1.1(지방소득세) = 41,894,600원

M씨는 결국 12억 원 초과분에 해당하는 양도소득금액에 대해 양도소득세 41,894,600원(지방소득세 포함)을 내야 한다.

1세대 1주택자의 절세 전략

※ 2022년 5월 10일부터 2024년 5월 9일까지 조정지역 소재 다주택자에 대한 양도소득세 중과를 한시적으로 배제하고, 1세대 1주택자 비과세 보유 및 거주 요건, 일시적 2주택 요건도 완화된다. 따라서 본문 161~182쪽 관련 내용도 한시적으로 적용하지 않으니 유의하자.

앞서 1세대 1주택 비과세 요건을 상세하게 알아보았다. 하지만 1주택자라 해도 여러 가지 사유로 비과세 요건을 충족하지 못하는 경우가 발생할 수 있다. 2년을 보유(조정지역은 보유기간 중 2년 이상 거주)하지 못한 경우, 세대 요건이 충족되지 않은 경우 등이 발생했을 때의 절세 방안을 고민해보자.

양도시기 선택이 절세의 핵심

사례 N씨 부부는 5년간 맞벌이를 해 모은 3억 원으로 마련한 아파트(비조정지역 소재)에서 반년쯤 산 뒤 팔려고 내놓았다. 이 아파트로 이사 오고부터 건강이 나빠지고, 아이들 교육환경도 좋지 않아 내린 결정이었다. 현재 시세는 4억 원 정도다. 1억 원 정도 올랐으니 양도소득세가 걱정된다. 어떻게 해야 절세할 수 있을까?

양도시기가 가장 문제가 된다. 지금 당장 양도한다면 양도소득세 과세표준을 1억 원으로 가정할 때 세금은 7,700만 원(지방소득세 포함)에 달한다.

1년 미만 보유 주택 양도 시 양도소득세율은 70%(지방소득세 포함)로 중과세되기 때문이다. 그런데 조금 더 참다가 1년을 채우고 팔면 양도소득세는 다음 표와 같이 6,600만 원 수준으로 줄어든다. 주택 및 조합원입주권[1] 양도 시에는 2년 이상 보유하면 기본세율을 적용한다.

구분	1년 미만 보유	1년 이상 ~ 2년 미만 보유	2년 이상 보유(거주)
서울	70% 단일세율 중과세	60%	1세대 1주택 비과세 또는 기본세율
양도소득세	7,000만 원	6,000만 원	없음
지방소득세율	양도소득세 과세표준 × 7%	양도소득세 과세표준 × 6%	1세대 1주택 비과세 또는 양도소득세 과세표준 × 기본세율(0.6~4.5%)
지방소득세	700만 원	600만 원	없음

※ 조정지역 소재 2주택은 기본세율 + 20%, 3주택은 기본세율 + 30% 중과세
※ 조정지역 소재 주택은 보유기간 중 2년 이상 거주해야 비과세 대상

이처럼 보유기간에 따라 양도소득세가 큰 차이가 나므로 사전검토 없이 매매계약을 하고 등기신청을 하면 안 된다.

그렇다면 양도시기는 언제를 말할까? 양도소득세 계산 시 양도시기는 잔금청산일과 소유권이전등기[2] 접수일 중 빠른 날이라는 점을 꼭 기억해야 한다. 자세한 내용은 31장을 참고하자.

---

1 **조합원입주권** 재개발·재건축 조합원이 취득하는 입주권 또는 이 조합원으로부터 취득한 입주권을 말한다. 조합원이 아닌 자에게 분양하는 분양권도 주택으로 본다.

2 **소유권이전등기** 건물이나 토지 등 부동산이나 차량 등 동산의 소유권 이전 내역을 공적장부(부동산등기 등)에 등록 또는 등기하는 것을 말한다. 보통 매매, 증여, 상속 등에 의해 소유권이 바뀔 때 등기소 등에 소유권이전등기신청을 하면 등기부에 등록된다.

앞의 사례에서 9월 30일이 1년째 되는 날이라고 가정해보자. 계약서상 잔금일은 9월 30일인데, 매수자가 하루 일찍 잔금을 치르면서 9월 29일에 등기접수를 했다면 단 하루 차이로 N씨는 무려 1,100만 원 이상의 세금을 더 내야 한다. 억울하기 짝이 없지만 어쩔 수 없다. 양도시기가 중요하다는 것을 N씨가 미리 알았다면 이런 일은 없었을 것이다.

세대 요건을 충족하지 못한 경우

사례 O씨 부부는 한 아파트에서 단출하게 살고 있다. 대학을 갓 졸업한 아들에게 3억 원짜리 아파트를 사주고 분가시켜 내보냈기 때문이다. 물론 이때 세법에 따라 적정하게 증여세를 신고납부했다. 그러다 자신의 아파트를 팔면서, O씨는 1세대 1주택에 해당되고, 이 아파트에서 5년 이상 살았기 때문에 팔더라도 양도소득세가 나오지 않을 것이라고 생각했다. 1세대 1주택 비과세인 경우 신고납부하지 않아도 상관없다는 말을 들어 따로 신고하지 않았다. 그런데 1년쯤 뒤에 세무서에서 거액의 양도세를 내라는 고지서가 날아왔다. 왜 이렇게 되었을까?

아들 명의의 아파트가 문제였다. 아들은 27세 미혼으로, 시험 준비 중이라 자기소득이 없었다. 주민등록상 세대분리를 했지만 부모와 같은 세대로 보아 O씨가 1세대 2주택자가 된 것이다.

1세대 2주택자로서 아파트를 팔았으니 당연히 양도소득에 해당하는 세금을 내야 하는 것이다. 세대분리가 되려면 30세 이상이거나, 기혼이거나, 소득이 있거나 등 요건에 부합해야 하는데, O씨는 미처 그런 것을 몰랐다.

따라서 부모와 자식이 각각 주택을 가지고 있을 때는 바로 이 세대 요건에 충족되는지 여부를 따져보고 아파트의 취득·양도시기를 결정해야 한다.

실제 용도에 따라 주택 여부를 판단하는 오피스텔

사례 P씨는 자신의 아파트(서울 소재)를 취득해 4년 이상 거주하고 있다. 아파트의 시가는 5억 원이고, 그에 따른 과세표준은 1억 5,000만 원이다. P씨는 2년 전에 오피스텔을 분양받아 세를 놓고 있었다. 그러다 최근 아이들이 모두 출가하여 아파트를 처분하고 당분간 오피스텔에서 거주하기로 마음먹었다. 그런데 이 오피스텔이 주택에 해당되면 1세대 2주택이 되어 아파트 양도 시 비과세가 되지 않는다고 해서 걱정이다.

세법에서 오피스텔은 실제 사용 용도에 따라 주택 또는 사무용건물로 구분한다. 다시 말해 아파트를 처분하는 시점에 오피스텔을 주거용으로 임대해주었다면 P씨는 1세대 2주택자에 해당되지만, 사무실로 임대해주었다면 주택은 아파트 1채뿐인 것이다.

오피스텔이 주거용인지 업무용인지에 따라 세금 차이가 크다. 오피스텔을 주거용으로 임대한 경우 양도하는 아파트는 1세대 2주택에 해당되어 양도소득세가 4,077만 원(지방소득세 포함)이 나온다. 하지만 오피스텔을 사무용으로 임대 중인 상황이라면 아파트는 1세대 1주택 비과세 요건을 충족해 비과세된다. 따라서 1세대 2주택 중과세를 피하려면 오피스텔을 사무실로 임대한 뒤 아파트를 처분하는 것이 좋다.

하지만 아파트나 단독주택처럼 애초에 주택으로 지어진 경우 그 건물을 사무용으로 쓴다 하더라도 주택으로 간주한다는 점을 알아두어야 한다. 이처럼 오피스텔을 다른 주택과 달리 취급하는 이유는 오피스텔은 「건축법」상 주택이 아니라 사무실이기 때문이다.

또 하나 알아두어야 할 것이 있다. 설사 오피스텔이 건축물대장에 주택이라 기재되어 있다 하더라도 폐가 상태로 아무도 살지 않는다면 이는 주택으로 보지 않으며, 양도시점에 철거하면 주택이 아니라 토지가 되므로 1세대 2주택자에서 벗어날 수 있다.

이렇게 1주택자가 주택을 양도할 때 경험하는 상황은 매우 다양하다. 각각의 상황에 따라 세금 차이가 매우 크므로, 부동산을 양도하기 전에 이러한 사항을 꼼꼼히 점검한 뒤에 계약서를 작성하거나 등기신청을 해야 한다. 특히 등기신청 행위는 공부상에 권리관계가 표시되어 이후에 번복이 불가능하므로 유의해야 한다.

1세대 2주택자의 비과세 요건

※ 2022년 5월 10일부터 2024년 5월 9일까지 조정지역 소재 다주택자에 대한 양도소득세 중과를 한시적으로 배제하고, 1세대 1주택자 비과세 보유 및 거주 요건, 일시적 2주택 요건도 완화된다. 따라서 본문 161~182쪽 관련 내용도 한시적으로 적용하지 않으니 유의하자.

1세대 2주택자가 2년 이상 보유한 주택을 양도할 때는 서울 등 조정대상지역 주택이 아니라면 양도소득에 대해 원칙적으로 기본세율로 과세한다. 이 경우 주택 수를 계산할 때 주거용건물(단독주택, 아파트 · 빌라, 상가주택, 주거용으로 사용되는 오피스텔)은 물론 조합원입주권과 분양권(2021년 이후 취득분부터)도 포함된다. 조정지역에서 양도차익이 난 경우를 예로 들어 살펴보자.

1세대 2주택자와 다주택자가 주택 양도 시 받는 세무상 불이익을 정리해보면 다음과 같다.

다주택 소유자로서 2주택 중 조정지역 소재 1주택을 양도할 경우 기본세율에 10%, 3주택 이상자는 20% 가산하여 중과세한다(2021년 6월 1일 이후 10%씩 추가 과세). 단, 2024년 5월 9일까지 한시적으로 다주택자 중과세를 유예하고, 기본세율(2년 이상 보유 시)을 적용한다. 또 3년 이상 보유 시 적용되는 장기보유특별공제에서도 불리하다.

조정지역 소재 주택이라도 1세대 1주택으로 2년 이상 보유 · 거주했을 때 최소 8%에서 최대 80%까지 양도차익을 공제받는다. 하지만 다주택 소유자가 조정지역 소재 주택을 양도할 경우에는 장기보유특별공제가 배제

된다. 물론 조정지역이 아니라면 3년 이상 보유 시 연간 2%씩, 양도차익의 최소 6%에서 최대 30%(15년 이상 보유 시)를 공제받는다.

사례 Q씨는 서울의 아파트를 11억 원에 취득해 3년간 보유한 뒤 13억 원에 팔았다. 이때 Q씨가 1주택자인 경우와 다주택자인 경우 양도소득세가 어떻게 다를까?

다음 표를 통해 주택 수에 따라 세금이 얼마나 차이가 나는지 알아보자.

▼ 주택 수에 따른 양도소득세 비교(2024년 5월 10일 이후 양도 시)

구분	1주택자 (12억 원 초과분에 기본세율)	2주택자 (조정지역 포함) (기본세율 + 20%)	3주택자 (조정지역 포함) (기본세율 + 30%)
양도차익	1,538만 원	2억 원	2억 원
장기보유특별공제	369만 원	없음	없음
양도소득	1,169만 원	2억 원	2억 원
양도소득세 (지방소득세 포함)	771,692원	104,665,000원	126,390,000원
실질수익률	18.1%	8.7%	6.7%

※ 2024년 5월 9일까지 다주택자 중과세 한시적 배제

2주택 이상이면 장기보유특별공제율(22장 참고)이 연간 8%(24~80% 한도)가 아니라 연간 2%(6~30% 한도)씩 적용되거나 공제 자체가 되지 않아 세금 차이가 매우 커진다. 따라서 1세대 다주택자는 어떻게 절세할 것인지가 중요하다.

1세대 2주택이라도 양도소득세가 비과세되는 경우

1세대 2주택자라도 예외적으로 양도소득세가 비과세되는 경우가 있다. 1세대 2주택을 사실상 1세대 1주택으로 보는 경우로, 다음과 같은 경우 비과세하거나 2주택자 중과세 대상에서 제외한다.

① 일시적인 2주택인 경우(대체취득, 부모님 등 동거봉양합가, 혼인합가 등)

㉠ 대체주택 취득을 위한 일시적 2주택: 1세대 1주택자가 그 주택을 양도하기 전에 그 주택 취득 후 1년이 지나 다른 주택(조합원입주권 또는 분양권 포함)을 취득해 2주택이 된 경우, 신규주택을 취득한 날로부터 3년 이내에 종전주택을 양도하는 경우(3년 이내에 양도하지 못해 한국자산관리공사에 매각의뢰, 법원경매, 공매 중인 경우 포함)

㉡ 1주택(또는 1조합원입주권 또는 1주택과 1조합원입주권)을 보유하고 1세대를 구성하는 자가 1주택(또는 1조합원입주권 또는 1주택과 1조합원입주권)을 보유 중인 60세 이상의 직계존속(배우자의 직계존속을 포함하며, 어느 한 사람이 60세 미만인 경우도 가능)을 동거봉양하기 위해 또는 중증질환 등이 발생한 직계존속의 간병을 목적으로 세대를 합침으로써 1세대 2주택이 된 경우 세대합가일로부터 10년 이내에 먼저 양도하는 주택

㉢ 1주택 보유자가 또 다른 1주택 보유자와 혼인해(60세 이상 직계존속 동거봉양에 따른 경우 포함) 1세대 2주택자가 된 경우 혼인일로부터 5년 이내에 먼저 양도하는 주택

② 상속주택을 포함해 2주택이 된 경우, 상속받은 주택(조합원입주권을 상속받아 사업시행 완료 후 취득한 신축주택을 포함하며, 피상속인이 상속개시 당시 2채 이상 소유한 경우 이 중 소유기간이 가장 긴 주택 1채를 말한다) 1채와 상속개

시 당시 보유하고 있던 일반주택 1채 등 2주택 소유자가 일반주택을 양도하는 경우

③ 문화재에 해당하는 주택 1채와 일반주택 1채를 보유한 1세대가 일반주택을 양도하는 경우

④ 농어촌주택[1]과 일반주택을 국내에 각각 1채씩 소유 중인 1세대가 일반주택을 양도하는 경우(귀농주택[2]은 취득 후 5년 이내, 이농주택[3]은 취득 후 5년 이상 거주한 경우에만 비과세 혜택 적용)

⑤ 취학, 근무상의 형편, 질병요양, 기타 부득이한 사유로 취득한 수도권 밖에 소재하는 주택 1채와 일반주택 1채를 소유 중인 1세대가 부득이한 사유가 해소된 날로부터 3년 이내에 일반주택을 양도하는 경우

⑥ 신축주택·미분양주택 및 1세대 1주택자의 주택 취득 시에는 소득세를 한시 감면한다. 누구라도 시가 6억 원 이하 또는 국민주택규모 이하 신축·미분양주택 또는 1세대 1주택자가 보유한 주택을 2013년 4월 1일~12월 31일까지 매매계약을 체결하고 계약금을 납부해 취득한 경우 5년간 발생한 양도소득을 100% 공제해준다. 또 주택 수 계산에서도 배제한다.

---

1 **농어촌주택** 수도권 외 읍 또는 면 지역에 소재하는 주택. 상속받았거나 이농으로 이사한 주택, 귀농을 위해 취득한 주택으로 취득시가 2억 원(한옥은 4억 원) 이내, 대지면적 660㎡ 이내, 3년 이상 보유한 경우에 해당된다(태안군, 영암·해남군, 강화군, 옹진군, 연천군 소재 주택 포함).

2 **귀농주택** 영농 또는 영어에 종사하기 위해 취득·거주하는 주택으로 고가주택이 아니고, 대지면적이 660㎡ 이내이며, 1,000㎡ 이상 농지 소유자 또는 그 배우자가 해당 소재지에 취득한 것 등의 요건을 갖춘 주택

3 **이농주택** 영농 또는 영어 종사자가 업을 바꿔 다른 시·구·읍·면으로 전출함에 따라 거주하지 못하는 이농의 소유 주택

⑦ 장기임대주택 또는 장기가정어린이집[4]과 그 밖의 주택을 보유하다 2년 이상 거주한 주택을 양도한 경우(장기임대주택의 경우 2019년 취득분부터 생애 한 차례 최초 거주주택에 대해서만 비과세 적용)

---

4 **장기가정어린이집** 세대원이 5년 이상 운영한 가정어린이집(시·군·구 인가를 받아 사업자등록을 한 경우)으로서 운영 중단 후 6개월이 경과하지 않은 곳

1세대 2주택자의 절세 전략

※ 2022년 5월 10일부터 2024년 5월 9일까지 조정지역 소재 다주택자에 대한 양도소득세 중과를 한시적으로 배제하고, 1세대 1주택자 비과세 보유 및 거주 요건, 일시적 2주택 요건도 완화된다. 따라서 본문 161~182쪽 관련 내용도 한시적으로 적용하지 않으니 유의하자.

양도시기를 잘 선택한다

사례 R씨는 자녀들이 크면서 4년 동안 거주한 자기 소유 아파트가 비좁아져 더 큰 평수의 아파트를 구입했다. 그런데 기존에 살던 아파트를 팔려고 내놓았는데 팔리지 않아 고민이다. 어떻게 해야 할까?

앞서 일시적인 2주택은 비과세되거나 중과세 대상에서 제외된다고 했는데, 거기에는 조건이 있었다. 대체주택 취득 시에는 기존주택을 새로운 주택 취득 후 3년 이내(두 주택 모두 조정지역이면 1년 이내)에 처분해야 하고, 직계존속 동거봉양 또는 혼인으로 인한 세대합가 시에는 세대합가일 또는 혼인일로부터 10년 또는 5년 이내에 기존주택을 처분해야 한다. 이 시기를 놓치면 바로 1세대 2주택자로 중과세될 수 있다.

그런데 기한 내에 처분하려고 매물로 내놓았는데 매수자가 없어 시기를 놓칠 수도 있다. 이때는 기한이 되기 전에 한국자산관리공사에 매각을 의뢰하거나, 법원경매 혹은 공매가 진행 중이라면, 기한 후에 처분하더라도 비과세를 적용받거나 중과세를 피할 수 있다.

양도보다는 증여를 고려한다

(사례) S씨는 거주 목적의 아파트 이외에 투자 목적으로 서울 소재 아파트를 1채 더 샀는데, 팔리지 않아 이러지도 저러지도 못하고 있다. 처분하려는 아파트는 1억 원에 취득했고, 현재 시세는 4억 원이다. 마침 결혼한 자녀가 있어 증여할까도 생각 중이다.

이때는 양도 시 세금과 증여 시 세금을 비교해보고 처분 방법을 검토해야 한다. 양도 시 세금은 대략 1억 원(지방소득세 포함), 증여 시 세금은 6,400만 원이다. 따라서 자녀에게 증여하는 것이 세금 면에서 유리하다.

양도 순서 및 용도 변경을 통한 절세

양도소득세는 양도소득이 있을 때 부과되는 세금이므로 2주택 중에서 양도차익이 적은 주택을 먼저 양도하고, 남은 주택은 1세대 1주택 비과세 적용을 받는 방안도 고려해야 한다.

예를 들어, 오피스텔의 경우 사무용으로 임대한 후 양도하고, 상가주택의 경우 사무실로 용도 변경을 한 후 양도하면 중과세를 피할 수 있다.

1세대 다주택자의 양도소득세 중과세 예외

※ 2022년 5월 10일부터 2024년 5월 9일까지 조정지역 소재 다주택자에 대한 양도소득세 중과를 한시적으로 배제하고, 1세대 1주택자 비과세 보유 및 거주 요건, 일시적 2주택 요건도 완화된다. 따라서 본문 161~182쪽 관련 내용도 한시적으로 적용하지 않으니 유의하자.

1세대 다주택자라 하더라도 다음과 같은 경우 양도소득세 중과세 및 장기보유특별공제 배제 대상에서 제외하고 있다.

3주택 이상 보유주택 중 중과세 제외 주택

주택 양도 당시 3주택 이상을 보유한 경우에도 양도주택이 아래에 해당하면 양도소득세 중과세 대상에서 제외한다.

① 수도권, 광역시, 특별자치시(세종시) 외 지역(광역시와 특별자치시에 속하는 군·읍·면 지역 포함)에 소재하는 주택으로서 양도 당시 기준시가가 3억 원 이하인 주택(보유주택 수 계산 시에도 제외함)

② 장기임대주택(장기일반민간임대주택 등으로 등록하여 8년 이상 임대한 주택, 2018년 3월 31일 이전에 등록한 경우에는 5년 이상 임대한 주택)으로서 아래 조건을 충족하는 주택

㉠ 매입임대주택은 6억 원 이하(비수도권 3억 원 이하)일 것

㉡ 건설임대주택은 6억 원 이하, 대지면적 298㎡ 이하, 건물연면적

149㎡ 이하인 주택을 2호 이상 임대한 경우일 것

③ 「조세특례제한법」상 감면 대상 주택

④ 10년 이상 무상 제공한 장기사원용 주택

⑤ 5년 이상 운영한 장기어린이집

⑥ 상속받은 주택으로서 5년 이내에 양도하는 주택

⑦ 문화재주택

⑧ 저당권실행 또는 채권 변제를 위해 취득한 주택으로서 3년 이내에 양도하는 경우

⑨ 위 ①~⑧에 해당하는 주택을 제외하고 1개의 주택만을 소유하는 경우 해당 주택

2주택자 보유주택 중 중과세 제외 주택

2주택을 보유하다가 그중 1주택을 양도할 때 해당 양도주택이 아래에 해당하면 양도소득세 중과세 대상에서 제외한다.

① 3주택 이상자의 중과세 제외 대상 주택(장기임대주택 등)

② 수도권 외 지역(광역시에 속하는 군·읍·면 지역 포함)에 소재하는 양도 당시 기준시가 3억 원 이하 주택(보유주택 수 계산 시에도 제외함)

③ 취학, 근무상 형편, 질병요양 등의 사유로 취득한 수도권 밖 주택 및 다른 시·군 소재 주택(취득 당시 기준시가 3억 원 이하, 취득 후 1년 이상 거주하고 사유 해소 후 3년 이내 양도)

④ 혼인합가일로부터 5년 이내에 양도하는 주택

⑤ 부모봉양합가일로부터 10년 이내에 양도하는 주택

⑥ 소송이 진행 중이거나 소송 결과에 따라 취득한 주택(확정판결일로부터 3년 이내 양도)

⑦ 일시적 2주택의 경우 종전주택

⑧ 양도 당시 기준시가 1억 원 이하 주택(「도시및주거환경정비법」,「빈집및소규모주택정비에관한특례법」상 정비구역 내 주택은 제외)

⑨ 위 ①~⑥에 해당하는 주택을 제외하고 1개의 주택만을 소유하는 경우 해당 주택

1주택과 1조합원입주권 보유자 중과세 제외 주택

1세대가 1주택과 1조합원입주권을 보유하다가 그중 하나를 양도하는 경우에도 아래에 해당하면 중과세 대상에서 제외한다.

① 해당 물건이 수도권 외 지역(광역시에 속하는 군·읍·면 지역 포함)에 소재하는 주택 및 조합원입주권으로서 양도 당시 기준시가 또는 조합원입주권 가액이 3억 원 이하인 주택 및 조합원입주권일 경우에는 중과세에서 제외할 뿐 아니라 보유주택 수 계산에서도 제외한다.

② 2주택자의 중과 제외 주택으로서 앞의 ①~⑥ 및 ⑧에 해당하는 주택

③ 1주택자가 주택 취득일로부터 1년 경과 후 1조합원입주권을 취득하고 3년 이내 종전주택 양도 시 해당 주택

④ 1주택자가 조합원입주권을 취득하고, 3년이 경과하여 종전주택을 양도하는 경우 해당 주택으로서 다음 요건을 충족한 경우

㉠ 재개발·재건축으로 취득한 주택이 완공된 후 2년 이내에 세대 전원이 해당 주택으로 이사하여 1년 이상 거주할 것. 주택 완공

후 2년 이내 종전주택 양도

⑤ 1주택자가 해당 주택의 재개발·재건축으로 대체주택을 취득하였다가 양도하는 경우 해당 주택으로서 다음 요건을 충족한 경우

㉠ 사업시행인가일 이후 대체주택을 취득하여 1년 이상 거주

㉡ 재개발·재건축으로 취득한 주택이 완공된 후 2년 이내에 세대 전원이 해당 주택으로 이사하여 1년 이상 거주

㉢ 주택 완공 후 2년 이내 대체주택 양도

1세대 3주택 이상자의 절세 전략

1세대 3주택 이상으로 주택을 양도할 경우에는 절세를 위해 매매계약 전에 다음과 같은 사항을 점검해볼 필요가 있다.

① 해당 주택이 양도소득세 중과대상인지, 부담 세액이 얼마인지 확인할 것

② 해당 주택이 중과대상일 경우 다른 주택을 먼저 양도하거나 증여하는 것이 절세에 유리한지 확인할 것

양도소득세율과 장기보유특별공제율의 기산점

양도소득세 계산에서는 보유기간에 따라 세율은 물론, 장기보유특별공제율도 달라질 수 있다. 일반적으로 세율에 영향을 미치는 보유기간과 장기보유특별공제율에 영향을 미치는 보유기간을 계산하는 기산점은 동일하다. 즉 취득시점부터 보유기간을 기산한다. 하지만 이 양자의 기산점이 서로 다른 특수한 경우가 있어 세금 계산이 잘못되기도 한다.

우선 보유기간에 따라 세율과 장기보유특별공제율이 어떻게 달라지는지 알아보자(다음 쪽 표 참고). 다주택자나 사업용토지에 대해서도 2년 이상 보유했다면 기본세율을 적용한다(조정지역 다주택자는 중과세).

양도소득세 세율은 중과대상 다주택자, 미등기자산이나 비사업용토지 등 중과세 대상 자산이 아닌 이상은 보유기간이 최소 2년 이상은 되어야 불리하지 않다. 즉 보유기간이 1년 미만일 경우 주택 및 조합원입주권은 40%, 기타는 50%, 1년 이상 2년 미만일 경우 주택 및 조합원입주권은 기본세율, 기타는 40%의 단일중과세율이 적용된다. 최소 2년 이상(주택 및 조합원입주권은 1년 이상) 보유해야 비로소 기본누진세율(6~45%)을 적용받을 수 있다.

또 장기보유특별공제는 중과대상 다주택자를 제외한 토지와 건물 및 조합원입주권에 대해서만 공제해주는데, 보유기간이 최소 3년 이상일 때 양도차익에 대해 최저 6%에서 최대 80%까지 공제받을 수 있다. 이처럼 보유기간에 따라 세율과 장기보유특별공제율이 달라지므로, 양도시점을 결정할 때는 단 하루가 세금에 큰 영향을 미칠 수도 있음을 명심해야 한다.

▼ 보유기간에 따른 세율과 장기보유특별공제율

<table>
<tr><th rowspan="2">보유기간</th><th colspan="2">세율</th><th colspan="2">장기보유특별공제율</th></tr>
<tr><th>등기</th><th>미등기
(중과세율)</th><th>1세대 1주택
(보유기간별 4% +
거주기간별 4%)</th><th>토지,
기타 건물[1]
(연간 2%)</th></tr>
<tr><td>1년 미만</td><td>50%, 70%[2]</td><td rowspan="6">미등기
자산: 70%</td><td rowspan="2">2년 미만 보유 시 적용 배제</td><td rowspan="3">• 3년 미만 보유 시 적용 배제
• 비사업용토지는 2017년부터 보유기간 계산 적용</td></tr>
<tr><td>2년 미만</td><td>40%, 60%[3]</td></tr>
<tr><td>2년 이상</td><td rowspan="4">• 기본세율(6~45%)
• 비사업용토지, 비사업용토지 과다 보유 법인의 주식 등은 16~55%</td><td>2년 거주 시 8% 적용</td></tr>
<tr><td>3년 이상</td><td>24%</td><td>6%</td></tr>
<tr><td>4년 이상 ~
10년 미만</td><td>32~72%</td><td>8~18%</td></tr>
<tr><td>10년 이상</td><td>80%</td><td>20~30%(15년 이상)</td></tr>
</table>

1) 중과대상 다주택은 제외
2) 주택 및 조합원입주권은 1년 미만이면 70% 적용
3) 주택 및 조합원입주권은 1년 이상 2년 미만이면 60% 적용

세율과 장기보유특별공제 보유기간의 기산점이 달라지는 경우

이제 어떤 경우에 세율 적용 보유기간과 장기보유특별공제 보유기간의 기산점이 달라지는지 알아보자. 일반적인 매매 거래에 의한 보유기간은 계산 기준시점에 차이가 없는데, 상속이나 증여 후 양도하는 경우에는 양자의 기산점이 다음 표와 같이 달라진다.

▼ **세율과 장기보유특별공제 보유기간의 기산점이 달라지는 경우**

<table>
<tr><th colspan="2" rowspan="2">구분</th><th colspan="2">취득시기</th></tr>
<tr><th>상속받은 자산</th><th>증여받은 자산</th></tr>
<tr><td colspan="2">취득가액 산정 시</td><td>상속개시일
(등기접수일과 무관)</td><td>• 원칙: 증여등기접수일
• 예외: 우회양도 또는 이월과세에 해당되는 경우에는 증여자의 취득일</td></tr>
<tr><td colspan="2">장기보유특별공제의 보유기간 기산점</td><td>상속개시일</td><td>위와 동일함</td></tr>
<tr><td colspan="2">세율 적용 시 보유기간 기산점</td><td>피상속인의 취득일</td><td>위와 동일함</td></tr>
<tr><td rowspan="2">8년 이상 자경농지의 자경기간 계산</td><td>상속인 또는 수증자가 자경한 경우</td><td>피상속인의 자경기간 통산</td><td>증여개시일
(통산하지 않음)</td></tr>
<tr><td>상속인 또는 수증자가 자경하지 않은 경우</td><td>상속개시일(3년 이내 양도 시 피상속인의 자경기간 통산)</td><td>증여개시일
(통산하지 않음)</td></tr>
</table>

위 표처럼 상속받은 자산을 양도할 경우 세율 적용 시 보유기간은 피상속인이 취득한 때부터 계산하는 데 반해, 장기보유특별공제율 적용 시 보유기간은 상속개시시점(피상속인의 사망시점)부터 계산한다.

증여받은 자산을 양도할 때는 조금 복잡하다. 증여자산의 양도가 이월과세 또는 부당행위계산부인(56장 참고)에 해당하지 않는 경우 세율·장기보유특별공제율 적용 기산시점이 증여개시일, 즉 증여등기접수일부터이지만 그렇지 않은 경우에는 증여자의 취득일로 소급된다. 이렇게 보유기간 기산시점이 다르기 때문에 잘못 적용할 위험이 있고, 그로 인한 세금효과도 적지 않으니 유의해야 한다.

양도소득세는 스스로 신고하고 납부하는 세금

양도소득세는 자진신고하여 납부하는 세금인 만큼 자기 스스로(또는 세무대리인을 통해) 잘 계산해 신고납부해야 한다. 양도소득세에 대한 신고납부를 하지 않은 경우는 크게 2가지로 구분할 수 있다. 첫 번째는 양도소득세를 신고도, 납부도 하지 않은 경우이고, 두 번째는 신고는 했으나 납부하지 못한 경우다.

양도소득세는 예정신고가 필수

양도소득세에는 다른 세금신고와 달리 소득세 확정신고기한 이전에 양도에 따른 예정신고[1]를 하도록 의무를 부여하고 있다. 과거에는 예정신고를 하면 인센티브를 부여했지만, 지금은 예정신고를 하지 않으면 가산세를 물린다.

예정신고 의무에 대해 살펴보자. 양도소득세 과세 대상 자산별로 예정

1 **예정신고(豫定申告)** 납세의무자가 조세의 과세기간 종료 전에 예상세액을 미리 신고하는 일

신고기한을 달리 정하고 있다.

▼ **양도소득세 예정신고**

구분	토지·건물 등 기타 자산	주식, 출자지분
예정신고기한	양도일이 속하는 달의 말일부터 2개월 이내	양도일이 속하는 반기의 말일부터 2개월 이내
예) 2021년 8월 9일 양도 시	2021년 10월 31일까지	2022년 2월 29일까지

이렇게 예정신고를 할 때 납부할 세액은 다음과 같다.

예정신고 납부세액 = 예정신고 산출세액 - 감면세액 - 수시부과액

이때 예정신고 납부세액이 1,000만 원을 초과하면 확정신고 때와 마찬가지로 분납이 가능하다.

만약 예정신고와 납부의무를 위반한다면 무신고가산세, 과소신고가산세, 초과환급신고가산세, 납부지연가산세 또는 초과환급가산세를 부담할 수 있다.

한편, 1년 동안 2회 이상 양도한 경우에는 다음 해 5월 종합소득세 신고기한까지 양도소득세 합산신고를 해야 한다 자세한 내용은 60장을 참고하자.

무신고, 과소신고한 경우 가산세

가산세는 신고와 납부를 모두 하지 않은 경우 더욱 크다. 신고불성실가

산세는 크게 '무신고가산세'와 '과소신고가산세'로 구분된다. 무신고는 납세 의무자가 애초에 신고를 하지 않은 경우를 말하고, 과소신고는 원래 신고해야 할 금액보다 적게 신고한 경우를 말한다. 이를 구분해 가산세를 살펴보면 다음 표와 같다.

▼ 무신고가산세, 과소신고가산세

종류		가산세액(아래 둘 중 큰 금액)	
		해당 산출세액 기준	수입금액 기준[1]
무신고가산세	부당무신고	40%	14/10,000
	일반무신고	20%	7/10,000
과소신고가산세	부당과소신고	40%	14/10,000
	일반과소신고	10%	-

1) 수입금액 기준 가산세는 법인세와 사업소득이 있는 복식부기의무자의 소득세에만 적용
※ 국제거래가 수반되는 부정행위에 대해서는 부당무신고 및 부당과소신고세액의 60% 가산세율 적용

부당무신고 또는 부당과소신고에 해당하는 경우

- 이중장부 작성 등 장부의 거짓 기록
- 거짓 증명 또는 거짓 문서 작성
- 거짓 증명 등의 수취
- 장부와 기록 파기
- 재산 은닉이나 소득, 수익, 행위, 거래의 조작 또는 은폐
- 그 밖에 국세를 포탈하거나 환급·공제받기 위한 사기 등 부정한 행위

일반적으로 부당한 방법 여부를 판단할 때 다른 적극적인 부정행위와 결부되지 않은 단순한 무신고, 과소신고 또는 장부를 기장하지 않은 것은

사기나 기타 부정행위를 저지른 것으로 간주하지 않는다.

신고납부하지 않거나 초과환급받은 경우 가산세

세금을 신고납부하지 않거나 초과환급받은 경우 발생하는 가산세를 표로 정리하면 다음과 같다.

▼ 초과환급신고가산세, 납부지연가산세

종류		가산세액(해당 납부세액 기준)
초과환급신고가산세	부당초과환급신고	40%(해외 거래분 60%) 또는 수입금액의 0.14%
	일반초과환급신고	10%
납부지연가산세	미납·미달납부·초과환급	1일 0.022%

납부지연가산세는 미납 또는 초과환급액에 1일 0.022%씩 가산세가 발생하므로 연간 8.03%의 가산세 부담이 생긴다. 예금금리와 대출금리를 고려했을 때 차라리 은행대출을 받아 세금을 납부하는 것이 유리하기도 하므로 잘 비교해보고 선택하자. 또 일시적인 현금 부족이라면 신용카드 납부도 한도 없이 가능하다.

고지납부에 따른 미납가산세

한편 양도소득세 납부의무자가 신고한 뒤 또는 정부에 의해 양도소득세가 경정·결정되었음에도 세금을 자진납부하지 않아 징세관서가 납세고지 또는 독촉을 했는데도 납부기한까지 납부하지 않는다면 어떻게 될까? 앞서 설명한 가산세와 별도로 고지세에 의한 납부기한까지 미납 또는 과소납부한 세액의 3%를 더 부담해야 한다.

양도시기 조절에 의한 절세 전략

양도시기 조절은 불법이 아니다

종종 공직자의 세금탈루가 사회문제가 되는데, 그중 하나는 매매시기 조절에 의한 세금탈루다. 즉 이미 잔금을 청산하고 거래가 완료되었음에도 공부상의 소유권 등기이전을 한참 뒤에 함으로써 세법상의 요건을 사후적으로 갖추는 편법이다.

이러한 편법이 아니라면 양도시기 조절은 절세를 위한 세테크 방법 중 하나로 반드시 고려해야 한다. 양도시기에 따라 거액의 세금 차이가 발생할 수 있기 때문이다. 양도소득세 계산 시 양도시기에 따라 세금이 달라질 수 있는 항목은 크게 3가지다. 비과세 요건인 보유기간 충족, 장기보유특별공제 적용 시 보유기간, 양도소득세율 적용 시 보유기간이 바로 그것이다. 이 요건을 충족하는지 여부에 따라 단 하루 차이로도 세금이 크게 차이 날 수 있으므로 양도시기를 언제로 할 것인지 정하는 데는 세심한 주의가 필요하다. 양도시기에 영향을 미칠 수 있는 항목을 표로 살펴보면 다음과 같다.

▼ 양도시기에 따른 차이

구분	양도시기에 따른 차이
비과세 요건	취득일~양도일까지 보유기간 2년 이상[1]
장기보유특별공제율 (3년 이상 보유 시)	1세대 1주택(24~80%)
	기타 토지·건물(6~30%)
양도소득세율[2]	• 주택 및 조합원입주권: 2년 이상 기본세율, 1년 미만 70%, 1~2년: 60% • 기타 부동산: 2년 이상 기본세율, 1년 미만 50%, 2년 미만 40%
지방소득세율	• 2년 이상: 0.6~4.5% • 1년 이상~2년 미만: 4%, 6% • 1년 미만: 5%, 7%

1) 조정지역 소재 주택은 보유기간 중 거주기간이 2년 이상
2) 2주택 보유자가 조정지역 내 주택 양도 시 위 세율 + 20%, 3주택 이상 보유자가 조정지역 내 주택 양도 시 위 세율 + 30%

그렇다면 양도일(또는 취득일)은 언제일까? 양도시기는 원칙적으로 대금을 청산한 날이 기준이지만 다음에 해당할 경우 각 시기에 따른다.

▼ 부동산과 관련된 세금

대금청산일이 불분명한 경우	등기·등록접수일 또는 명의개서일
대금청산 전 소유권이전등기를 한 경우	등기·등록접수일
장기할부조건부 매매의 경우	등기접수일, 인도일, 사용수익일 중 빠른 날
자기가 건설한 건축물인 경우	완공일(사용검사필증교부일, 사용승인일, 사실상 사용일 중 빠른 날)
상속받은 자산	상속개시일(= 사망일)
증여받은 자산	증여일
대금청산일 이후 완성(확정)된 자산	자산의 완성(확정)일
환지처분된 경우	환지처분공고일 다음날
시효취득 부동산	부동산점유개시일

1986년 이전에 취득한 주식 등의 취득시기	1986년 1월 1일 취득한 것으로 의제
1985년 이전에 취득한 부동산·기타 자산	1985년 1월 1일 취득한 것으로 의제

대금청산일이란 약정서상의 대금청산일이 아니라 실제 대금을 청산한 날을 말한다. 보유기간 계산은 초일산입 말일불산입[1]을 원칙으로 한다. 따라서 매매계약서를 작성할 때 세금에 영향을 미치는 보유기간을 정확히 계산한 뒤 잔금청산일 또는 등기신청일을 결정해야 한다.

사례 T씨는 아파트(조정지역 소재)를 취득하면서 2021년 5월 1일에 계약하고, 6월 2일에 잔금을 치르고, 6월 3일에 등기를 신청했다. 그리고 해당 아파트에 거주하면서 2023년에 양도하려고 한다. 언제 양도해야 1세대 1주택 비과세 요건에 해당할까?

1세대 1주택 비과세에 해당하려면 2년 보유, 해당 기간 2년 거주 요건을 충족해야 한다. 취득일은 계약일이 아니라 그날 이후 잔금을 지급받거나 등기를 한 날 중 빠른 날이다. 따라서 2년을 채운 날짜인 2023년 6월 2일 이후에 양도해야 한다. 만약 그보다 빨리 처분하면 비과세는 해당되지 않는다.

---

1 **초일산입 말일불산입** 각종 법률이나 약정에서 권리와 의무가 성립되는 기간을 계산할 때 날짜를 세는 원칙 중 하나다. 시작되는 날(初日)을 포함하고, 끝나는 날(末日)은 포함하지 않는 계산 방법이다.

임대주택의 양도소득세 절세법

임대주택 양도에 따른 양도소득세는 원칙적으로 과세된다. 하지만 조정대상지역에 소재하더라도 일정한 요건을 충족하면 중과세에서 제외되고, 경우에 따라서는 임대주택 양도소득세를 면제받는 경우도 있다.

원칙적으로 임대주택은 양도 당시 2주택 이상에 해당할 경우 조정대상지역에 있으면 중과세(기본세율 + 10% 또는 20%)되며, 그렇지 않을 경우에는 기본누진세율(6~45%)을 적용하여 양도소득세를 계산한다(단, 2024년 5월 10일 이후 중과세 적용).

하지만 다음과 같이 일정한 요건을 충족하는 임대주택에 대해서는 양도소득세 감면 등의 혜택이 주어지므로 잘 알아둘 필요가 있다.

장기임대주택에 대한 양도소득세 특례

국민주택규모 이하 임대주택을 5채 이상 임대하고 있는 거주자가 해당 임대주택을 2000년 12월 31일 이전에 임대개시하여 5년 이상 임대한 후(5채 이상 임대한 시점부터 기간 계산) 양도하는 경우에는 양도소득세를 50% 감면한다. 다만 「민간임대주택에관한특별법」 또는 「공공주택특별법」에 따른 건설임대주택 중 5년 이상 임대한 임대주택과 같은 법에 따른 매입임대주택 중 1995년 1월 1일 이후 취득 및 임대를 개시하여 5년 이상 임대한 임대주택(취득 당시 입주한 사실이 없는 주택만 해당) 및 10년 이상 임대한 임대주택의 경우에는 양도소득세를 면제한다(2018년 9·13 부동산 대책 발표 후 새로 취득하는 주택부터는 임대개시 시 수도권 6억 원, 비수도권 3억 원 이하 주택에 한해 적용).

신축임대주택에 대한 양도소득세 감면

또한 아래와 같은 국민주택으로서 1채 이상의 신축임대주택을 포함하여 2채 이상을 5년 이상 임대한 거주자가 해당 주택(해당 주택 연면적의 2배 이내 토지 포함)을 양도하는 경우에도 양도소득세를 면제한다.

① 「임대주택법」에 따른 건설임대주택으로 1999년 8월 20일부터 2001년 12월 31일까지의 기간 중에 신축된 주택이거나 1999년 8월 19일 이전 신축된 공동주택으로 1999년 8월 20일 현재 입주한 사실이 없는 주택

② 「임대주택법」에 따른 매입임대주택으로 1999년 8월 20일부터 2001년 12월 31일까지의 기간 중에 매매계약을 체결하고 계약금을 지급해 임대를 개시한 임대주택이거나 1999년 8월 20일 이후 또는 1999년 8월 19일 이전에 신축되어 1999년 8월 20일 현재 입주한 사실이 없는 주택

장기민간임대주택에 대한 양도소득세 감면 또는 장기보유특별공제 특례

거주자가 「민간임대주택에관한특별법」에 따른 공공지원민간임대주택 또는 장기일반민간임대주택을 2022년 말까지 등록하고, 임대 보증금 및 임대료 인상을 5% 이내로 제한하며, 약정한 임대료 등을 증액한 경우 1년 이내에 증액청구를 하지 않고, 임대의무기간 8년 이상 임대 요건을 충족한 경우 다음 특례를 적용한다.

구분	장기보유공제율
10년 이상 임대	70%
8년 이상 임대	50%

또 민간(공공)건설(매입)임대주택으로 등록하여 6년 이상 임대 시에는 장기보유특별공제율 연 2%를 추가 공제한다.

법인의 경우 2020년 6월 18일 이후 8년 장기임대주택 양도 시 법인세율에 20%를 추가 과세한다. 단, 단기임대제도 및 아파트장기임대폐지에 따른 임대등록 말소 시에는 기존 세제 혜택이 유지된다.

이상의 내용은 조금 복잡하지만 그로 인한 세금효과는 매우 크므로 주택임대 시 세심한 주의가 필요하다.

임대주택사업자의 거주용 자가주택 양도 시 특례

임대주택 포함 1세대 2주택(또는 일시적 3주택)의 경우 원칙적으로는 비과세가 허용되지 않는다. 하지만 임대주택 공급을 유도하기 위해 일정 요건을 갖춘 장기임대주택일 경우 주택 수 계산에서 배제하는 등 특례를 두었고, 최초 거주주택에 대해 평생 1회에 한하여 비과세한다.

사례 임대주택사업자인 U씨는 현재 임대주택을 포함하여 다음과 같이 3채의 주택을 보유하고 있는데, 이 중 거주주택A를 양도하려고 한다. 양도소득세 과세 여부는 어떻게 될까?

- 거주주택A: 조정대상지역 내 주택으로 2011년에 취득하여 2022년 현재 거주(보유 11년, 거주 10년)
- 신규주택B: 2020년 10월 조정대상지역 내 1주택 보유 상태에서 신규주택 취득
- 임대주택C: 취득과 동시에 지자체 및 세무서에 장기임대사업자(8년) 등록 후 임대개시, 「소득세법」상 장기임대주택 요건을 갖춤

조정대상지역 내 임대주택을 포함한 2주택자가 신규주택을 취득하여 3주택이 된 후 2년 이상 보유(기간 내 2년 이상 거주)한 거주주택을 양도하고, 1년 이내에 신규주택으로 전입하는 경우에는 일시적 1세대 2주택으로 보아 비과세가 된다. 만약 거주주택이 12억 원을 초과하는 고가주택인 경우 12억 원 초과분에 대한 양도소득세율은 3주택에 해당하므로, 기본세율에 20%를 추가하고, 장기보유특별공제는 적용하지 않는다.

거주주택A를 양도하고 조정대상지역 소재 신규주택B는 2019년 2월 12일 이후 취득했으므로, 2년 이상 거주한 뒤 1세대 2주택(임대주택 포함) 상태로 신규주택B를 양도할 경우 다음 계산식과 같이 거주주택A를 양도한 이후 기간분에 대한 소득만 비과세 특례가 적용된다. 이때도 12억 원 초과

분에 대해서는 2주택에 해당하는 기본세율에 10%를 추가하고, 장기보유특별공제도 적용되지 않는다.

신규주택B 양도소득 = 총양도소득금액 × [직전거주주택(A)의 양도 시 거주 및 보유주택(B) 기준시가 - 거주 및 보유주택(B) 취득 시 기준시가] / [거주 및 보유주택(B)의 양도 시 기준시가 - 거주 및 보유주택(B) 취득 시 기준시가]

만약 임대주택C의 임대의무기간을 지키지 못한 경우(장기임대주택의 임대의무호수를 임대하지 않은 기간이 6개월이 지난 경우 포함) 해당 일이 속하는 달의 말일로부터 2개월 이내에 다음과 같은 계산식에 따른 양도소득세를 신고납부해야 한다.

양도소득세 = 거주주택(A, B) 양도 시 해당 임대주택을 장기임대주택 등으로 보지 않을 경우 납부했을 세액 - 거주주택 양도 시 1세대 1주택 규정을 적용받아 납부한 세액

임대주택C를 양도할 경우 우선 임대의무기간을 충족하고 보유기간 내 2년 이상 거주한 경우 마지막 1세대 1주택이 된 기간 이전분에 대해서만 1세대 1주택 비과세(양도가액 12억 원 이하 부분에만)를 적용한다. 그 이전 기간에 대해서는 과세하고, 조정대상지역 소재 주택으로 2년 이상 거주 요건을 충족하지 못한 경우(2019년 12월 16일 이전 등록자는 해당 없음)라면 기본세율을 적용하여 계산한다. 위 경우 모두 임대기간에 따라 50~100% 세액감면을 받거나, 장기보유특별공제율(8~80%) 특례를 적용받을 수 있다.

겸용(주상복합)주택자 절세법

주거용과 비주거용이 함께 있는 겸용주택

겸용주택이란 주거용 부분과 비주거용 부분이 함께 있는 건물로, 주택의 일부 또는 동일지번상에 점포 등 다른 목적의 건물이 설치되어 있는 주택을 말한다. 겸용주택을 양도하면 주택 양도와 일반 건물 양도가 동시에 발생하게 되는데, 양도세의 세율이나 장기보유특별공제 등의 적용 방식이 다르므로 유의해야 한다.

주택을 양도할 때는 양도소득세 비과세부터 중과세까지 여러 가지 경우에 해당될 수 있는 반면, 일반 건물 양도 시에는 기본세율(단기양도나 미등기양도는 예외)로 과세된다. 만약 양도소득세 비과세에 해당하는 주택이라면 주택 부분의 면적 비율을 높이는 것이 유리하고, 반대라면 주택 부분의 면적을 줄이는 것이 절세 방법이 될 수 있다.

겸용주택에 대한 주택 여부 판단은 다음과 같이 한다. 먼저 주택면적이 주택 외 면적보다 클 때는 건물 전체를 주택으로 보고, 토지도 전부 주택부수토지로 본다. 다만 주택부수토지는 전체 건물 정착면적 합계의 5배(도시지역 외 지역은 10배)를 한도로 하며, 이를 넘어가면 비사업용토지에 해당한다.

만약 주택면적이 주택 외 면적보다 작거나 같을 때는 건물은 주택과 주택 외 부분으로 구분해 주택 부분만 주택으로 본다. 이때 토지도 주택면적과 주택 외 면적으로 안분하여 계산한다. 주택부수토지의 한도는 위와 동일하다(여기서 주택이란 공부상 용도 또는 사업자등록 여부와 관계없이 사실상 상시 주거용으로 사용하는 건물을 말한다. 실질에 따르는 것이다).

건물의 해당 부분이 주택에 속하는지, 주택 외 부분에 속하는지를 판단할 때는 해당 부분의 실제 용도에 따라 구분한다. 하지만 실제 용도가 불분명하면 공부상의 용도에 의해 구분하고, 이도 불분명하면 공용으로 보아 안분한다. 지하실, 계단, 화장실, 복도 등이 이에 해당된다. 가령 지하실이 서재로 쓰인다면 주택 부분으로 봐야 하고, 상가의 창고로 쓰인다면 주택 외 부분으로 봐야 한다. 이도 저도 아니라면 공부상의 것으로, 또는 공용으로 보아 안분하면 된다.

겸용주택의 절세 팁

보유 중인 겸용주택이 1세대 1주택에 해당된다면 이를 양도하기 전에 건물 전체 면적에서 주택 부분 면적 비율이 50%를 초과하도록 용도 변경을 하거나 복도, 화장실, 지하실 등의 실질용도를 주거용으로 전용하도록 하면 절세에 도움이 된다. 반면 1세대 다주택에 해당된다면 주택 부분 면적보다 주택 외 부분 면적이 커지도록 용도 전환을 해두는 것이 유리하다.

겸용주택의 1세대 1주택 비과세 규정을 적용할 때 주택의 보유기간은 사실상 주거용으로 사용한 날부터 계산한다. 이때 '사실상 주거용으로 사용한 날'에 대해 판단할 때는 다음 증빙을 갖추어 소명할 수 있다.

> 전화가입증명원, 공공요금·관리비납부영수증, 입주자관리카드, 신자증명원, 노인정회원대장, 병원진료기록, 금융거래내역서, 자녀취학증명원, 임대차계약서, 생필품구입영수증, 우유대금영수증, 신문대금영수증, 사회활동기록, 수령우편물, 통·반장 확인서, 케이블설치나 사용요금명세서, 가스설치대금영수증, 이삿짐센터확인서나 영수증, 거주자우선주차장사용영수증 등

가령 1년 이상 거주하던 주택을 점포로 용도 변경해 3년간 사무용으로 사용한 뒤 이를 다시 주택으로 용도 변경해 2년 이상 거주했다고 하자. 그 뒤 이 주택을 양도한다면 이 주택의 거주기간과 보유기간은 이 건물의 취득일부터 양도일까지의 기간 중 주택으로 사용한 기간을 통산(1년 + 2년 = 3년)한다.

고가주택에 대한 중과세 여부를 판단하자

세목별로 고가주택의 기준이 다르다

세법은 고가주택에 대해 세제상 불이익을 가해 주택을 이용한 투기 억제와 공정과세를 구현하고 있는데, 여기서 고가주택의 기준은 세목별로 다르다. 양도소득세에서 고가주택은 주택과 이에 부수되는 토지의 양도 당시 실거래가액의 합계액이 12억 원을 초과하는 주택이다. 만약 겸용주택으로 주거용건물 면적이 비주거용건물 면적보다 커 건물 전체를 주택으로 볼 때는 건물 전체에 해당되는 실거래가액으로 고가주택 여부를 판단한다.

▼ 고가주택에 대한 세제상의 특례제한

구분	본세	사업소득세-부동산임대업	종합부동산세
고가주택 기준	양도가액(시가) 12억 원 초과	과세기간 종료일 또는 해당 주택의 양도일 현재 국세청 기준시가가 12억 원 초과	1세대 1주택자인 경우 과세기준일 현재 국세청 기준시가가 12억 원 초과
특례제한 내용	1세대 1주택이라도 12억 원 초과분에 대해서는 양도소득세 과세	1채를 임대해도 과세	초과분에 대해 종합부동산세 과세

고가주택에 해당하면 1세대 1주택 비과세 요건을 갖춘 주택이라 하더라도 양도소득세를 과세하게 되는데, 다만 시가 12억 원을 초과하는 부분에 대해서만 과세한다. 고가주택의 양도소득은 다음과 같이 계산한다.

- 전체 양도소득금액 = 양도가액 - 필요경비(취득가액 등) - 장기보유특별공제(2년 거주 요건 필수)
- 고가주택의 양도소득금액 = 전체 양도소득금액 × (양도가액 - 12억 원) ÷ 양도가액

1세대 1주택에 해당되는 주택을 다음과 같이 양도한 경우, 양도소득세가 과세되는 양도소득금액은 얼마일까? 양도가액 15억 원, 취득가액과 필요경비 7억 원, 보유·거주기간 5년으로 가정해보자.

- 양도차익 = 15억 원 - 7억 원 = 8억 원
- 장기보유특별공제 = 8억 원 × 40%(5년 × 8%) = 3억 2,000만 원
- 고가주택 양도소득금액 = (8억 원 - 3억 2,000만 원) × (15억 원 - 12억 원) ÷ 15억 원 = 9,600만 원

고가주택은 1세대 1주택 비과세 규정이 배제되어 12억 원 초과 부분에 대해서는 과세되지만, 다른 사항에서는 일반주택과 차이가 없다.

토지 양도 시 절세법

사례 V씨는 고향에 상속받은 임야가 있는데, 이를 양도하려고 한다. 그런데 이 땅이 비사업용토지인지 아닌지에 따라 양도소득세 차이가 크다는 말을 듣고 고민 중이다.

「소득세법」상 토지는 주택부수토지와 사업용토지, 비사업용토지로 구분해 과세한다. 주택부수토지란 건물 정착면적의 10배(도시지역은 5배) 이내 토지로서, 원칙적으로 주택의 일부로 취급해 과세한다. 하지만 별장부속토지와 기준면적을 초과하는 주택부수토지는 다른 용도로 사용되지 않으면 나대지(裸垈地, 지상에 건축물이나 구축물이 없는 대지)로 보아 세법상 비사업용토지가 되고, 기본세율에 10%를 가산하여 중과세한다.

사업용토지와 비사업용토지의 조건

여기서 사업용토지는 다음과 같은 토지를 말한다.

- 개인이 토지 소재지나 그 바로 옆 시·군·구 또는 농지로부터 직선거리 30km 이내에 살면서(주민등록 등재 여부 무관) 농사짓는 농지, 농업을 주업으로 하는 법인 소유 농지
- 개인 소유자가 임야 소재지에 살거나 임업 또는 축산업이 주업인 법인이 소유한 임야와 목장용지
- 양도일까지의 토지 보유기간 중 60% 이상(또는 5년 중 3년 이상, 3년 중 2년 이상) 직접 사업에 사용한 토지

위에 설명한 사업용토지 기준에 부합하지 않으면 비사업용토지다. 비사업용토지는 기준면적 이하 주택부수토지나 사업용토지가 아닌 토지를 말한다. 비사업용토지를 양도할 때는 다음 표와 같이 양도소득세가 중과세된다.

▼ 사업용토지와 조정지역 내 비사업용토지의 양도세 세율

구분	세율[1]	조정지역 내 보유기간별 중과세율		
		1년 미만	1년 이상~2년 미만	2년 이상
비사업용토지[2]	16~55%	50%	40~65%	26~65%
사업용토지	6~45%			

1) 모든 세율은 누진세율 기준
2) 2009. 3. 16~2012. 12. 31에 취득한 비사업용토지 양도 시에는 기본세율 적용

따라서 토지를 양도할 때는 그 토지가 비사업용인지 사업용인지를 먼저 검토하고, 비사업용토지라면 절세할 수 있는 방법이 없는지 세무전문가와

상의할 필요가 있다. 다음에 해당하는 토지는 비사업용으로 보지 않으므로 잘 기억해두는 것이 좋다.

사업용토지로 보는 비사업용토지

- 직계존속이 8년 이상 토지 소재지에 거주하면서 직접 경작한 농지·임야·목장용지로 직계존속으로부터 상속받거나 증여받은 토지. 단, 양도 당시 도시지역(녹지지역, 개발제한구역은 제외) 안의 토지는 제외
- 주말·체험농장용으로 소유하는 세대별 1,000㎡ 이내 농지
- 2005년 12월 31일 이전에 종중명의로 취득한 토지
- 상속받은 농지로서 상속개시일로부터 3년이 경과하지 않은 농지
- 공익사업을 위해 법률에 따라 협의매수 또는 수용되는 토지로서 사업인정고시일이 2006년 12월 31일 이전인 토지 또는 취득일, 상속일이 사업인정고시일로부터 5년 이전인 토지
- 기타 공익·기업의 구조조정 또는 불가피한 사유로 인한 법령상 제한, 토지의 현황·취득 사유 또는 이용 상황 등을 감안하여 기획재정부령으로 정하는 부득이한 사유에 해당되는 토지
- 별장(건물)과 그 부속토지
- 농지 등 시 이상의 지역 내 주거·상업·공업지역(녹지 및 개발제한구역 제외) 편입일로부터 3년 이내인 토지

R씨는 다행히 자신의 토지가 비사업용토지가 아니라는 것을 확인하고 한시름 놓았으나, 상속받은 토지인 만큼 5년이 경과하기 전에 팔아야 하므로 올해 안에 처분하기로 했다.

비사업용토지의 절세법

이처럼 비사업용토지 양도소득세 중과세 대상에서 제외되는 토지라 하더라도 일정 기간 이내에 처분해야만 하는 경우가 있으므로 이 점을 유의해야 한다.

우선 사업용토지가 아니지만 비사업용토지로 보지 않는 토지에 속하는지 검토한다. 비사업용토지에서 제외하는 예외는 매우 많다. 만약 비사업용토지라면 사업용토지로 전환한 후 양도한다. 비사업용토지라도 건물을 짓거나 직접 사업에 사용하면 중과세에서 벗어날 수 있다. 하지만 이 경우에도 보유기간 전체의 60%(또는 5년 중 3년 이상, 3년 중 2년 이상) 이상을 사업에 사용해야 하므로 주의해야 한다. 특히 주차장업에 이용되는 토지가 사업용토지로 인정되려면 주차장 매출액이 토지가액의 3% 이상 되어야 한다.

해당 토지의 사업용 여부에 대한 판단은 쉽지 않기 때문에 우선은 세무전문가와 상의해 검토하는 것이 중요하다. 비사업용토지가 아닌데 잘못 적용해 중과세당하는 경우 또는 사업용으로 전환이 가능한데도 비사업용으로 양도소득세를 계산해 신고하는 바람에 억울한 세금을 납부하는 경우가 적지 않다.

자영한 농업, 어업, 산림업용토지에 대한 양도소득세 감면

사업용토지 양도 시 양도소득세를 감면하는 경우가 있는데, 이에 대해 알아보자.

① 농업용토지의 양도소득세 감면

우선 8년 이상 자경한 농지(축산용토지 포함)를 양도하는 경우 양도소득세를 100% 감면하는데, 그 요건은 아래와 같다(경영이양직접지불보조금[1] 대상농지를 3년 이상 자경한 후 농업법인에 양도하는 경우에도 해당).

- 상속받은 경우 피상속인이 경작한 기간을 포함해 상속인이 1년 이상 경작한 경우 합산해 계산하고, 그렇지 않은 경우에는 상속받은 날로부터 3년 이내에 양도할 경우 해당
- 농지 소유 농업인이 농지가 소재하는 시·군·구 및 연접 시·군·구 또는 직선거리 30km 이내 지역에 거주할 것
- 해당 거주자가 그 소유농지에서 농작물의 경작 또는 다년생식물의 재배에 상시 종사하고, 그 소유농지에서 농작업의 50% 이상을 자기 노동력에 의해 경작 또는 재배할 것

다만 해당 토지가 주거지역 등에 편입되거나 「도시개발법」 또는 그 밖의 법률에 따라 환지처분 전에 농지 외 토지로 환지예정지 지정을 받은 경우 그 날까지 발생한 소득에 대해서만 감면한다.

② 어업용토지의 양도소득세 감면

다음과 같이 8년 이상 직접 어업에 사용한 어업용토지 등을 양도한 경

---

1 **경영이양직접지불보조금** 고령 은퇴 농가의 소득 안정을 도모하고 전업농 중심의 영농 규모화 촉진을 위해 조기에 경영이양한 농업인에게 지급하는 경영이양소득보조금

우에도 양도소득세를 100% 감면한다.

- 「수산업 · 어촌발전기본법」에 따른 어업인이 사용할 것
- 해당 어업인이 토지가 소재하는 시·군·구 및 연접 시·군·구 또는 직선거리 30km 이내 지역에 거주할 것
- 육상양식어업 및 수산종자생산업에 직접 사용하는 토지 및 건물에서 상시 종사하거나 어작업의 50% 이상을 자기노동력에 의해 수행할 것
- 사업소득금액과 총급여액 합계액이 3,700만 원 이상인 과세기간은 자영기간에서 제외

③ 산림업용토지의 양도소득세 감면

다음과 같이 10년 이상 자경한 산림지를 양도한 경우 자경기간별로 일정률의 양도소득세를 감면한다.

- 「임업및산촌진흥촉진에관한법률시행령」에 따른 임업인이 사용할 것
- 해당 임업인이 산림지가 소재하는 시·군·구 및 연접 시·군·구 또는 직선거리 30km 이내 지역에 거주할 것
- 「산지관리법」에 따른 보전산지일 것
- 산림지에서 임업에 상시 종사하거나 임작업의 50% 이상을 자기노동력에 의해 수행할 것
- 사업소득금액과 총급여액 합계액이 3,700만 원 이상인 과세기간은 자영기간에서 제외

감면율은 다음 표와 같다.

▼ 산림용토지 자경기간별 양도소득세 감면율

자경기간	10년 이상 ~ 20년 미만	20년 이상 ~ 30년 미만	30년 이상 ~ 40년 미만	40년 이상 ~ 50년 미만	50년 이상
감면율	10%	20%	30%	40%	50%

한편, 2년 이상 보유한 산지를 2025년까지 국가에 양도하는 경우에는 양도소득세의 10%를 감면한다.

그린벨트 지역 내 토지의 양도소득세 감면

그린벨트(개발제한구역) 내 토지를 매수청구 또는 협의매수로 양도하는 경우 그린벨트 지정일 이전에 취득한 토지는 40%, 그 이후에 취득하여 20년 이상 보유한 경우에는 25%를 감면한다.

이상과 같은 자경농지의 양도소득세 감면은 연간 1억 원, 5년간 2억 원을 한도로 한다.

부동산 양도 시 부가가치세를 내는 경우

주택 양도 시에는 부가가치세[1]가 면제되기 때문에 자칫 부동산 양도와 관련해서 부가가치세 문제를 간과하기 쉽다.

「부가가치세법」은 사업자가 부가가치세가 면제되거나 영세율 대상으로 열거하고 있는 재화가 아닌 이상 과세 대상 재화를 공급할 때 공급가액의 10%에 해당하는 부가가치세를 부과하고 있다. 부가가치세는 공급자 또는 양도자가 사업자이고 면세재화가 아닐 때 부과된다. 따라서 개인이 일시적으로 재화를 공급할 때는 부가가치세가 부과되지 않는다. 하지만 사업자로 부동산을 공급할 때는 반드시 부가가치세 문제를 검토해야 한다. 이때 사업자는 사업자등록 여부와 무관하게 지속적·반복적으로 재화 또는 용역을 공급하는 경우를 포함한다.

---

1 **부가가치세(附加價値稅)** 재화나 용역이 생산되거나 유통되는 모든 거래 단계에서 생기는 부가가치를 과세 대상으로 해서 과세하는 간접세

부동산에 대한 부가가치세는 어떤 경우에 내는 걸까?

비사업자 개인이 부동산을 양도할 때는 당연히 부가가치세가 없다. 하지만 사업자가 부동산을 양도할 때는 다음의 경우를 제외하고는 부가가치세를 부담해야 한다.

부가가치세가 면제되는 부동산의 종류

① 부가가치세가 면제되는 부동산(토지, 국민주택)의 판매

② 은행, 출판업자 등 면세사업자가 사업에 사용하던 건물 등을 처분할 때는 면세사업에 부수되는 재화로 보아 부가가치세 면제

③ 일반과세자가 사용하던 부동산을 사업의 포괄양수도 방식(16장 참고)으로 양도하면서 세금계산서를 발행하지 않는 경우

따라서 부동산을 양도할 때 부가가치세를 부담하는 경우는 양도자가 과세사업자(부동산임대업 포함)이고, 양도하는 부동산이 토지나 국민주택이 아닌 일반 건물이나 국민주택규모 초과 주택이어야 한다.

부동산 양도 시 부가가치세 절세 방안

앞서 살펴본 것처럼 부동산 거래 시 부가가치세를 부담하는 경우는 일반과세사업자가 토지나 국민주택이 아닌 부동산을 양도할 때 발생한다.

그런데 일반적으로 부동산은 양도가액이 매우 크기 때문에 그에 부가되는 부가가치세 또한 크다. 따라서 부동산 거래를 수반하는 거래 시에는 가능하면 부가가치세가 발생하지 않도록 하는 것이 양도자와 양수자 모두에

게 유리하다. 이를 위해서는 사업의 포괄양수도 방식에 의한 부동산 거래를 하는 것이 좋다.

다만 사업의 포괄양수도가 성립되려면 일반과세자끼리의 거래여야 한다. 양수자가 비사업자이거나 면세사업자라면 해당되지 않는다. 자칫 잘못했다가는 부동산 양도자가 나중에 부가가치세까지 추징당할 수 있으므로 특히 주의해야 한다.

토지와 건물 시가의 안분 기준

토지와 건물을 동시에 양도할 때 토지는 면세재화이고 건물은 과세재화이므로, 건물분에 대해서만 부가가치세가 부과된다. 만약 토지와 건물 각각의 실지거래가액을 알 수 있다면 그대로 구분 기재하고, 부가가치세를 표시하면 된다. 하지만 양도(취득)가액을 실거래가로 거래할 경우로 장부상의 금액과 부가가치세 신고서상의 안분 금액 차이가 30% 이상 나는 등 안분 금액이 불분명할 때는 우선 감정가액을 기준으로, 그것이 없을 때는 기준시가, 장부가액, 취득가액 순으로 안분해야 한다. 전체 가액 중 취득 시 건물가액의 비중이 크고 기간이 오래 경과되었다면 감정평가를 하는 것이 부가가치세 부담을 줄이는 데 도움이 될 수 있다.

부동산 양도 시 이중계약서는 금물

양도소득세 상담을 하다 보면 다운계약서를 써도 되냐는 질문을 종종 받는다. 다운계약서는 결과적으로 탈세로 이어지므로 당연히 불법이다. 다운계약서는 지금 당장은 별 문제가 없는 것 같아도 나중에 반드시 문제가 된다.

그렇다면 다운계약서나 업계약서 등 양도가액을 실질보다 많거나 적은 것처럼 작성한 계약서인 이중계약서는 세무상 어떻게 문제가 될까?

다운계약서

먼저 다운계약서가 어떻게 문제가 되는지 실제 사례를 통해 살펴보자.

사례 서울에 거주하는 W씨는 2017년에 X씨에게 상가를 양도했다. 실제 양도가액은 4억 1,000만 원이었지만 W씨는 1억 8,000만 원으로 줄여 다운계약서를 작성해 양도소득세를 신고하고 세금 8,000만 원을 덜 냈다. 그런데 5년 후인 2022년에 문제가 발생했다. X씨가 이 상가를 양도하면서 실제 취득가액 4억 1,000만 원으로 신고를 한 것이다.

이에 관할세무서장은 2023년 7월 W씨에게 양도소득세(가산세 등 포함) 1억 4,000만 원을 고지했다. 최초 거래 후 무려 6년이나 지나 다운계약서가 세금 문제로 이어진 것이다. W씨는 심사청구를 통해 상가를 취득할 당시 양도인의 부탁으로 취득가액을 허위로 낮춘 다운계약서를 작성했다고 주장했으나, 주장을 뒷받침할 수 있는 실제 계약서와 그 대금을 지급한 금융증빙 등이 없어 관할세무서의 과세는 정당하다는 국세심사 결정이 나왔다. 특히 금융기관에서는 금융 거래 내역을 5년만 보관하기 때문에 W씨는 상가 취득가액을 입증할 수 없었다.

업계약서

업계약서도 문제가 되는 것은 마찬가지다. 다음 사례를 보자.

사례 Y법인은 2018년에 상가를 양도하고 양도가액을 12억 5,000만 원으로 신고했다. 하지만 해당 상가의 부동산 등기부등본에 거래가액이 17억 5,000만 원으로 기재되어 있고, 해당 상가를 담보로 대출한 은행의 계약서에도 양도가액이 17억 5,000만 원으로 기재되어 있었다. 이에 관할세무서는 Y법인이 17억 5,000만 원에 상가를 양도한 것으로 보고 2021년 11월 법인세 등 3억 3,000만 원을 추가로 과세했다. Y법인은 2022년 2월

양수인의 대출을 돕기 위해 업계약서를 작성했다고 주장하며 심사청구를 했으나 근거자료를 갖추지 못해 기각되었다.

다운계약서나 업계약서는 당장은 양도소득세 또는 취득세·등록면허세를 줄이거나 다른 목적에 이용될 수 있으나, 앞의 두 사례처럼 10년 안에 언제든 터질 수 있는 시한폭탄과 같다. 이중계약서는 '사기 기타 부정한 행위'에 해당되어 양도소득세 확정신고기한(양도일의 다음 해 5월 31일) 다음날부터 10년 이내에 과세할 수 있기 때문이다. 일단 이중계약이라는 사실이 밝혀지면 양도소득세나 취득세에 가산세까지 물게 되어 매우 큰 타격을 받을 수 있으니, 이중계약서의 유혹을 떨쳐버리는 것이 좋다.

상속받은 주택의 양도소득세 절세법

상속받은 주택(또는 조합원입주권)을 양도할 때는 매매에 의해 유상으로 취득한 주택을 양도할 때와 양도소득세 계산 시 취급 방식이 다르므로 주의를 기울여야 한다. 상속받은 주택의 양도소득세를 계산할 때 짚고 넘어가야 할 사항들을 살펴보자.

일반적으로 상속주택이 아닌 주택을 여러 사람이 공동으로 소유하는 경우 주택 수를 계산할 때 공동 소유자 각자가 그 주택을 소유한 것으로 본다. 따라서 공동소유주택 이외에 1주택을 소유한 경우는 1세대 1주택 비과세 특례를 적용받지 못하는 것이 원칙이다.

상속주택과 일반주택은 다르다

하지만 상속주택은 달리 취급한다. 즉 상속인들이 하나의 주택을 공동으로 상속받은 경우 주택 수를 계산할 때 상속지분이 큰 사람의 주택으로 계산한다. 만약 상속지분이 큰 사람이 둘 이상일 때는 해당 주택에 거주하는 자가 소유한 것으로, 모두 해당 주택에 거주하고 있을 때는 그중 연장자가 해당 주택을 소유한 것으로 보아 주택 수를 계산한다.

이렇게 해서 상속받은 주택(피상속인이 상속개시 당시 2채 이상의 주택을 소유한 경우 피상속인 소유기간이 가장 긴 주택만 해당)과 상속개시 당시 보유하고 있던 일반주택을 각각 1채씩 소유하다가 일반주택을 양도할 때는 해당 일반주택 1채만 소유한 것으로 보아 비과세 여부를 판단한다. 물론 상속받은 주택(여러 채일 때는 그중 피상속인의 소유기간이 가장 긴 주택 1채)을 양도할 경우에는 과세하는데, 세율 적용 시 보유기간은 피상속인의 취득일부터 계산하며 일반주택과 같이 취급한다.

▼ **상속받은 주택의 양도소득세**

구분	일반주택 양도 시	상속주택 양도 시
상속주택 1채 + 상속개시 당시 일반주택 1채 (또는 조합원입주권 1개)	1세대 1주택으로 보아 비과세 여부 판단	기본세율로 과세. 단 세율 적용 시 보유기간은 피상속인의 취득일부터 기산함
상속주택 1채 + 상속개시 당시 일시적 2주택 (또는 조합원입주권 1개)	상속개시 당시 기존주택을 새 일반주택 취득 후 3년 이내(조정대상지역 소재 주택은 1년 이내) 양도 시 비과세 가능	

상속주택의 취득가액

상속주택 양도 시 취득가액은 상속세 결정가액이다. 아파트는 매매사례가격으로, 단독주택은 국세청 기준시가로 하는 경우가 많다. 상속세는 자진신고에 의해서가 아니라 세무서의 결정에 의해 과세표준과 세액이 확정되는데, 이때 주택의 결정가액이 취득가액인 셈이다.

시가 기준으로 상속주택의 가액이 결정되는 경우는 상속개시일 전후

6개월 이내 둘 이상의 감정평가[1]기관에 의한 감정가액으로 신고하는 등 가액을 확인할 수 있는 경우, 매매사례가액 등을 상속주택가격으로 세무서가 결정하는 경우 등이다. 그리고 시가가 확인되지 않을 경우 공시가격으로 결정하는 경우도 많다는 것을 알아둘 필요가 있다. 따라서 상속주택 양도 시 취득가액은 상속세 결정가액을 확인해 양도소득세를 계산해야 실수가 없다.

만약 상속세 산출세액이 없더라도 향후 양도소득세를 줄이기 위해 상속주택을 시가 기준으로 신고하려면 감정평가비용을 들여 2개의 감정평가기관으로부터 감정을 받아 이를 평균한 금액으로 신고하는 것이 좋다.

---

1 **감정평가(鑑定評價)** 「지가공시및토지등의평가에관한법률」에 의해 토지 등의 경제적 가치를 판정해 그 결과를 가액으로 표시하는 것을 말한다. 즉 감정평가란 동산이나 부동산 소유권의 경제적 가치 또는 소유권 이외의 권리, 임료 등의 경제적 가치 등을 통화 단위로 표시하는 것을 말한다.

Common Sense Dictionary
of Reducing Real Estate Tax

5

다섯째 마당

특수한 상황의 부동산 양도 및 절세 노하우

해외 부동산 양도 시 주의사항

경제의 글로벌화로 자본과 노동력이 국경을 넘어 자유로이 이동하면서 기업은 물론 개인의 활동 범위도 국제화되어 거주자 개인의 해외자산 취득 그리고 비거주자의 국내 자산 취득 등이 과거에 비해 크게 늘고 있다.

세법은 양도소득세 과세에서 국내 자산과 해외 자산을 달리 취급하고 있다. 국내 자산을 양도할 때는 거주자든 비거주자든 모두 양도소득세를 과세하지만, 해외 자산에 대한 양도소득세는 양도일을 기준으로 5년 이상 주소 또는 거소를 둔 거주자에 한해 납세의무를 지도록 하고 있다.

▼ 국내 자산과 해외 자산의 양도소득세

구분	국내 자산	해외 자산
거주자	과세	과세(5년 이상 거주자만)
비거주자	과세	비과세

해외 자산의 양도소득세 과세 대상 자산은 국내 자산의 과세 대상 재산과 대동소이하다. 하지만 계산 방법은 조금 차이가 있으니 주의해야 한다. 우선 양도가액과 취득가액은 시가를 원칙으로 하되, 시가를 모를 때는 외국

정부의 평가액 또는 양도 또는 취득일 전후 6개월 이내에 이루어진 매매사례가액으로 평가한다. 물론 외화로 표시되어 있는 양도가액이나 필요경비는 수령하거나 지출한 날의 기준환율 또는 재정환율을 이용해 환산한 금액으로 한다.

해외 부동산에 대해서는 1세대 1주택 비과세나 장기보유특별공제를 허용하지 않는다. 1세대 1주택 비과세 대상 주택은 국내 주택을 대상으로 하고 있고, 장기보유특별공제는 부동산 투기 억제를 위한 단기매매제한정책의 하나이므로 해외 부동산에 대해서는 적용할 필요가 없기 때문이다. 마찬가지로 앞서 설명한 이월과세 규정도 적용하지 않는다. 미등기자산이나 비사업용토지 등에 대한 중과세 규정 또한 적용할 여지가 없다. 해외 부동산 양도 시 세율은 부동산의 보유기간과 무관하게 기본누진세율(6~45%)을 적용한다.

이처럼 해외 자산을 양도하면서 해외에서 양도소득세를 납부하거나 납부할 것이 있는 경우, 이러한 외국 납부세액에 대해서는 국내 양도소득세 합산과세 시 이를 세액공제하거나 필요경비에 산입할 수 있다.

무허가주택의 양도

무허가 여부보다 주택 여부가 더 중요하다

무허가주택을 양도하여 양도소득세를 신고할 때는 어떤 점을 주의해야 할까? 「소득세법」에서 주택이란 허가 여부나 공부상의 용도 구분에 관계없이 사실상 주거용으로 사용하는 건물을 말한다. 다만 주택으로 사용하던 건물을 장기간 공가 상태로 방치한 경우 공부상의 용도가 주거용으로 등재되어 있으면 주택으로 본다.

따라서 무허가 여부보다는 주택인지 아닌지가 더 중요하다. 물론 등기도 되어 있지 않을 때는 미등기부동산에 해당하기 때문에 세금 면에서 매우 불리하다.

장기간 공가로 방치한 건물은 토지로 본다

장기간 공가 상태로 방치한 건물이 「건축법」상 건축물로 볼 수 없을 정도로 폐가가 된 경우에는 이를 주택이 아닌 대지로 본다. 이 경우 토지를 사업용으로 보느냐 마느냐에 따라 양도소득세가 달라지는데, 비사업용으로 볼 경우에는 세율이 10% 중과되므로 불리하다.

폐가가 된 주택이나 주택을 멸실하고 나대지 상태로 양도한 경우에는 주택의 부수토지로 사용된 기간에 주택의 멸실일로부터 2년을 더한 기간을 사업용 기간으로 하여 다음 중 하나에 해당하는 경우 이를 사업용토지로 판단한다.

① 양도일 직전 3년 중 2년 이상 사업용 기간

② 양도일 직전 5년 중 3년 이상 사업용 기간

③ 보유기간의 60% 이상 사업용 기간

만약 이렇게 무허가주택을 멸실하고 임의로 신축한 주택을 양도할 경우 토지와 건물의 취득시기가 달라지므로 각각의 양도차익을 계산해야 한다. 신축 이전까지는 토지양도에 따른 차익을, 신축 이후에는 건물양도에 따른 차익을 계산하여 이를 합산하면 최종 양도소득세가 나온다.

토지에 대한 양도차익을 실거래가액으로 산정하는 경우 멸실된 건물의 취득가액과 철거비용의 합계액에서 멸실건물의 잔설처분가액을 차감한 잔액을, 기준시가로 산정하는 경우 멸실된 건물의 취득 당시 기준시가와 세법상의 개산공제금액 합계액을 필요경비로 한다. 건물의 경우 당해 건물 신축 시 실제 소요된 가액을 필요경비로 하고, 종전건물의 취득가액은 포함하지 않는다.

미등기주택과 토지 양도

부동산의 등기 여부에 따라 세금이 달라진다

양도소득세 계산 시 부동산의 등기 여부에 따라 세금이 크게 달라진다. 미등기부동산 거래에 대해서는 장기보유특별공제를 적용하지 않고, 양도소득세율도 70%를 적용한다. 이처럼 강하게 중과세하는 이유는 미등기부동산의 경우 정부에서 소유권 이동을 파악할 수 없어 세원 포착이 어렵기 때문이다. 즉 등기를 유도해 거래를 확인하고 그에 따른 세금 추징을 확실히 하기 위해서다.

미등기부동산이란 토지, 건물, 지상권·전세권, 등기된 부동산임차권, 부동산을 취득할 수 있는 권리(입주권이나 분양권, 토지 및 주택상환채권, 부동산 매매계약 후 계약금만 지급한 상태로 양도하는 권리 등)를 취득한 자가 그 자산 취득에 관한 등기를 하지 않은 것을 말한다.

여기서 주의할 점은 등기시기가 미도래한 분양권 등을 양도하는 것은 미등기양도가 아니라는 점이다. 미등기양도는 부동산 취득시기가 도래해 등기가 가능한 부동산인데도 취득에 관한 등기를 하지 않고 양도하는 경우를 말한다. 따라서 등기가 가능하지 않은 분양권 양도의 경우 미등기양도에 해당하지 않는다.

건축물관리대장에 등재되어 있으나 등기부에 등기되어 있지 않은 경우가 미등기양도에 해당한다. 다음에 해당하는 자산은 미등기양도로 보지 않는다.

① 장기할부조건으로 취득한 자산으로서 그 계약 조건에 의하여 양도 당시 그 자산의 취득에 관한 등기가 불가능한 자산
② 법률의 규정 또는 법원의 결정에 의하여 양도 당시 그 자산의 취득에 관한 등기가 불가능한 자산
③ 농지의 교환, 분합 등, 8년 이상 자경농지, 농지의 대토
④ 1세대 1주택으로서 「건축법」에 의한 건축허가를 받지 아니하여 등기가 불가능한 자산
⑤ 「도시개발법」에 따른 도시개발사업이 종료되지 아니하여 토지 취득 등기를 하지 아니하고 양도하는 토지
⑥ 건설업자가 「도시개발법」에 따라 공사용역 대가로 취득한 체비지를 토지구획환지처분공고 전에 양도하는 토지

부동산을 미등기양도하는 것은 매우 예외적인 경우에 해당되지만 본의 아니게 그에 해당하는 거래가 될 수 있다. 등기가 되지 않은 부동산이라면 등기부등본이 발급되지 않으니 부동산 거래 시 등기부등본을 반드시 확인해야 한다.

서류상 용도와 실제 용도가 다른 부동산의 양도

잠시 다른 용도로 사용해도 주택은 주택으로 취급한다

가끔 주택이나 빌라 등을 개조해 사무용으로 사용하는 경우가 있다. 전체를 사무용으로 사용하는 경우도 있고, 일부분만 사용하는 경우도 있다. 해당 부동산을 양도할 때 이는 주택 양도일까, 일반 건물 양도일까. 반대로 사무용건물을 개조해 주거용으로 사용하는 경우도 있다. 이는 공부상의 용도와 실질 용도가 다른 경우다. 이때는 주택 수 계산 시 포함 여부 또는 1세대 1주택 비과세 해당 여부를 확인해야 한다.

우선 양도소득세 적용 시 주택이란 공부상 용도 구분에 관계없이 사실상 상시 주거용으로 사용하는 건물로, 그 구조·기능이나 시설 등이 본래 주거용으로서 주거 기능이 그대로 유지·관리되고 있어 언제든지 본인이나 제3자가 주택으로 사용할 수 있는 건물을 말한다. 따라서 아파트나 빌라 등 주거용으로 구조화된 건물은 일시적으로 사무용으로 사용했다 하더라도 주택으로 본다.

일반적으로 「소득세법」상 양도소득세 주택을 판정할 때 주택 부분은 양도 당시 실제 사용하는 용도에 따라 판정한다. 만약 사용 용도가 불분명하면 공부상의 등재 내용에 따라 판정하는데, 이는 오피스텔처럼 주거용과 사무용의 경계가 분명하지 않은 경우에 해당한다.

주거용과 비주거용이 혼합된 부동산의 취급

한편, 하나의 건물이 주거용 부분과 비주거용 부분이 복합되어 구분되는 경우, 주거용 부분은 주택으로, 비주거용 부분은 주택이 아닌 것으로 본다.

하나의 건물에 주택과 주택 외 부분이 복합되어 있는 경우, 주택의 연면적이 더 클 때는 그 전부를 주택으로 보아 1세대 1주택 비과세를 적용한다. 하지만 주택의 연면적이 더 작거나 같을 때는 주택 부분에만 비과세를 적용하고, 주택 외 부분은 과세 대상이 된다. 이때 주거용인지 아닌지의 판단시점은 양도시점이다. 또한 1세대 1주택 비과세 적용 시에는 주거용으로 2년 이상 보유·거주한 사실도 입증되어야 한다.

오피스텔에 부과되는 세금

세법은 오피스텔을 일반 건물과 달리 취급한다

세법에서 오피스텔은 일반 건물이나 주택과 다르게 취급된다. 오피스텔은「건축법」상 '업무를 주로 하며, 분양하거나 임대하는 구획 중 일부 구획에서 숙식을 할 수 있도록 한 건축물'로서, 국토해양부장관이 고시하는 기준에 적합한 것을 말한다. 즉 오피스텔은 원칙적으로 업무시설에 속한다.

한편, 사업용건물로서 감가상각비를 사업상 비용으로 처리한 경우에는 건물의 양도차익을 계산할 때 취득가액에서 감가상각누계액을 차감한다. 이는 감가상각비를 사업소득과 양도소득에서 이중공제하는 것을 막기 위함이므로, 양도세 계산 시 주의해야 한다.

오피스텔과 관련된 세금의 종류

오피스텔을 업무용으로 사용하면 상업용건물로, 주거용으로 사용하면 주택으로 간주해 세법을 적용한다. 오피스텔과 관련해 세법에서 논란이 되는 것은 부가가치세와 사업소득세(부동산임대업), 양도소득세 등이다. 용도(업무용인지 주거용인지)에 따른 세법 적용을 살펴보면 다음 표와 같다.

▼ 오피스텔 사용 용도에 따른 세금

구분		부가가치세	양도소득세
업무용	과세사업용	과세, 매입세액공제	주택으로 보지 않으므로, 1세대 1주택 비과세 또는 다주택자 중과세 규정 적용하지 않음
	면세사업용	면세, 매입세액불공제	
주거용			주택으로 보아 1세대 1주택 비과세 특례, 다주택자 중과세 규정 적용

업무용오피스텔의 분양과 취득

오피스텔을 분양·취득할 때는 건물분 분양가격의 10%에 해당하는 세금계산서를 수수하고 부가가치세를 부담한다. 이를 부가가치세매입세액이라고 하는데, 보통 오피스텔을 분양받을 때는 매입세액을 환급받는다.

부가가치세매입세액을 환급받으려면 우선 분양계약서 작성 시 계약자 명의로 부동산임대업자 등 일반과세사업자로 등록하고, 매번 분양대금을 지급한 달의 다음 달 25일까지 환급신청을 해야 한다. 이렇게 하면 신청 후 15일 이내에 조기환급을 받을 수 있다. 하지만 업무용으로 사용하는 경우라도 부가가치세를 환급받지 못하거나, 환급받은 매입세액을 다시 내야 하는 경우도 있다.

오피스텔을 업무용으로 보는 경우

① 다른 사업자에게 업무용으로 임대해주는 경우

② 본인의 과세사업에 사용하는 경우

③ 본인의 면세사업에 사용하는 경우

이 중 ①과 ②의 경우는 모두 과세사업에 사용하므로 부가가치세매입세액 환급이 가능하다. 하지만 ③의 경우 면세사업에 사용하기 때문에 부가가치세매입세액공제를 받을 수 없다.

만약 처음에 환급을 받았다면, 실제 본인의 면세사업에 전용한 시점(10년 이내인 경우)에 자기가 자기에게 오피스텔을 공급한 것으로 간주하여 부가가치세를 계산해 납부해야 한다. 이때는 실거래가액이 없으므로 '오피스텔 부가가치세매입세액 × (1 − 5% × 경과된 과세기간)'에 해당하는 금액이 납부금액이 된다(여기서 과세기간은 1월 1일부터 6월 30일, 7월 1일부터 12월 31일까지를 각각 1과세기간으로 계산한다. 2018년 6월 30일에 취득해 2019년 11월 25일 폐업했다면 3과세기간이 경과된 것이다).

업무용오피스텔의 임대차

오피스텔을 임대·임차할 때를 알아보자. 오피스텔을 업무용으로 임대할 때는 임대료 공급가액의 10%에 해당하는 부가가치세를 임차인에게 징수하게 되며, 임차인이 일반과세사업자인 경우 징수당한 부가가치세를 매입세액으로 공제받을 수 있다. 오피스텔 임대소득이 발생하면 부동산임대업소득에 대한 종합소득세를 매년 5월 31일까지 신고납부해야 한다.

업무용오피스텔의 양도와 폐업

오피스텔을 양도하거나 임대업을 그만둘 때는 어떤 세금을 내야 할까? 업무용으로 사용하던 오피스텔을 양도할 경우 과세사업에 사용한 오피스텔에 대해서는 건물분 양도가액의 10%에 해당하는 부가가치세를 양수자에게 징수해 납부해야 한다. 반면, 면세사업에 사용한 오피스텔을 양도하거나 사업의 포괄양수도에 해당한다면 부가가치세 납부의무가 없다. 부동산임대업을 폐업할 때는 앞서 설명한 면세사업전용 때와 마찬가지로 10년 이내일 때는 경과기간별로 매입세액을 재계산해 납부해야 한다. 오피스텔 양도 시 양도차익이 발생했다면 양도소득세를 신고납부해야 한다. 하지만 주거용이 아니므로 비과세 또는 중과세는 없다.

주거용오피스텔의 분양과 취득

오피스텔을 주거용으로 사용할 때도 크게 3가지 경우로 나눌 수 있다. 우선 오피스텔을 분양·취득할 때를 알아보자. 오피스텔을 주거용으로 사용하거나 타인에게 주거용으로 임대할 경우 부가가치세가 면세되므로 앞서 설명한 면세사업에 사용한 것과 동일하다. 즉 분양·취득 시 부담한 부가가치세를 환급받지 못하며, 환급받은 부가가치세가 있을 때는 앞의 계산식에 따른 부가가치세를 재계산해 납부해야 한다.

주거용오피스텔의 임대차

임대·임차 시 상시 주거용으로 사용하면 부가가치세가 면세되므로 부가가치세 신고납부의무는 없다. 분양받은 오피스텔을 주거용으로 임대하고 발생한 부동산임대업소득은 일반주택과 동일하게 세대별로 합산해 오피스텔 외에 다른 주택이 없다면 소득세가 비과세되지만, 2채 이상이면 과세될 수 있다.

주거용오피스텔의 양도와 폐업

주거용으로 임대한 오피스텔을 양도하는 경우 부가가치세 납부의무는 없다. 하지만 주거용으로 사용하거나 임대한 오피스텔은 주택으로 간주하므로 1세대 1주택 비과세 특례를 적용받는다. 따라서 양도 시 시가 12억 원 이하 오피스텔을 2년 이상 보유(조정지역 소재 주택은 해당기간 거주 2년 이상)하고 다른 주택이 없으면 1세대 1주택 양도소득세 비과세에 해당하고, 오피스텔을 포함해 2주택 이상인 경우 기본세율(조정지역은 중과세율)을 적용한다.

오피스텔 절세 전략

부가가치세 절세법

오피스텔 관련 세금 중에서 먼저 부가가치세 절세 전략에 관해 살펴보자. 오피스텔을 과세사업에 사용할 때는 부가가치세를 부담하게 되는데, 사업과 관련된 부가가치세는 최종 소비자에게 부담이 전가된다.

따라서 일단 오피스텔을 분양받을 때는 과세사업자로 등록해 분양대금을 치를 때마다 세금계산서를 수수한 뒤 부가가치세 조기환급신청을 하여 부가가치세매입세액을 공제받아두는 것이 좋다.

오피스텔을 양도할 때는 양도자가 일반과세사업자(부동산임대업 포함)라면 건물분 양도가액의 10%에 해당하는 부가가치세를 양수자에게 징수해 납부해야 한다. 양수자가 비사업자 또는 면세사업자라면 이 부가가치세는 공제되지 않으므로 사실상 양도가액을 높여 거래에 부담을 주게 된다. 이때는 양수자로 하여금 부동산임대업자등록을 하게 하여 사업의 포괄양수도 방식으로 오피스텔을 양도하면 세금계산서를 발행하지 않아도 되어 부가가치세로부터 벗어날 수 있다.

양도소득세 절세법

양도소득세는 양도 당시 부동산의 실질 이용 상황에 의해 주택인지 사업용건물인지를 구분해 계산하게 된다. 만약 조정지역 소재의 1세대 2주택에 해당되는 상황에서 오피스텔을 양도해야 한다면 양도하기 전에 부동산임대업자로 등록해 업무용으로 임대한 뒤 양도하는 것이 유리하다. 업무용으로 사용한다는 것은 공부상 용도 구분에 관계없이 사실상 업무용으로 사용하는 것을 말하며, 양도일 기준 오피스텔이 사업자에게 임대되었고 업무용으로 사용되고 있다면 주택으로 보지 않는다. 물론 이때는 건물분 부가가치세를 양수자에게 징수·납부해야 한다. 하지만 오피스텔의 전세계약서상 용도가 주거용이거나, 특약사항으로 「주택임대차보호법」에 따르도록 기재되었거나, 임차인과 그의 가족이 오피스텔로 전입해 거주하는 경우에는 오피스텔을 주택으로 본다는 점을 유의해야 한다. 오피스텔을 주택으로서 양도한다면 여러 주택 중 양도차익이 가장 적은 부동산을 먼저 양도하는 것이 유리하다.

미분양주택에 주어지는 세제 특례

1997년 IMF 외환위기와 2008년 세계 금융위기의 여파로 우리나라 부동산 경기 역시 침체에 빠졌다. 그로 인해 1990년대 중반 및 2008년경에 미분양주택 해소를 위한 다양한 정책이 모색되어 세제상 특례가 많았다. 미분양주택 또는 신축주택에 대한 과세 특례는 IMF 시기에도 몇 차례 이루어졌고, 그 당시 이러한 주택을 취득해 보유하다 7~8년 뒤에 부동산 경기 호황이 왔을 때 투자차익을 누리는 경우가 적지 않았다. 미분양주택의 과세 특례에 대해 상세히 알아보자.

▼ 미분양주택의 과세 특례

대상	기간 및 조건	내용
미분양주택	신축·미분양주택과 1세대 1주택자 보유주택을 2013. 4. 1~2013. 12. 31 기간 중 취득한 경우(실거래가 6억 원 이하 또는 국민주택규모 이하)	• 취득 후 5년간 발생한 양도소득금액 100% 공제 • 주택 수 산정에서 제외
수도권 밖 미분양주택	2008. 11. 3~ 2010. 12. 31 기간 중 취득한 경우	• 장기보유특별공제, 기본세율 적용 • 법인 취득분에 대해 양도소득에 대한 법인세 추가 과세 없음 • 부동산 취득분은 종합소득으로 보아 세액 계산
	2010. 2. 11 기준으로 수도권 밖 지역에 있는 미분양주택을 2011. 4. 30까지 최초로 매매계약을 체결하고 취득한 경우	• 취득일로부터 5년 이내에 발생한 양도소득의 양도소득세에 해당 미분양주택의 아래 분양가격 인하율별 감면율을 곱하여 계산한 세액을 감면 • 취득일로부터 5년 후에 양도하는 경우 5년간 발생한 양도소득금액에 아래 분양가격 인하율별 감면율을 곱하여 계산한 세액을 과세대상소득금액을 한도로 공제 ※ 분양가격 인하율 10% 이하: 60%, 10% 초과 20% 이하: 80%, 20% 초과: 100% 감면
서울시 밖 미분양주택	서울시 밖 미분양주택을 2009. 2. 12~2010. 2. 11 기간에 최초로 매매계약을 체결하고 취득한 경우(재개발·재건축주택은 제외)	• 취득일로부터 5년 이내에 발생한 양도소득에 대해 양도소득세의 100% 상당 세액을 감면(수도권과밀억제권역인 경우 60%) • 취득일로부터 5년 후에 양도하는 경우 5년간 발생한 양도소득금액을 해당 소득금액을 한도로 공제(수도권과밀억제권역인 경우 양도소득금액의 60%) • 장기보유특별공제, 기본세율 적용

일반 미분양주택에 대한 과세 특례	미분양 국민주택을 1995. 11. 1~1997. 12. 31 기간 또는 1998. 3. 1~1998. 12. 31 기간 중 취득하여 5년 이상 보유 · 임대한 후에 양도하는 경우	해당 주택 양도 시 발생하는 양도소득에 대해 다음 둘 중 하나로 선택 신고 가능 • 양도소득세 과세표준에 20% 세율을 적용하여 신고 • 해당 소득을 양도소득이 아닌 종합소득으로 신고
준공 후 미분양주택 취득 · 임대 후 양도 시 과세 특례	• 입주자의 계약일이 지난 주택단지에서 2015. 1. 1까지 분양계약 미체결로 선착순 공급하는 주택 • 2015년 매매계약 체결 후 5년 이상 임대한 취득가 6억 원 이하, 연면적 135㎡ 이하 주택	• 취득 후 5년간 발생한 양도소득 금액의 50%를 소득공제 • 해당 주택은 일반주택 양도 시 주택 수 제외

※ 여기서 취득이란 매매계약을 체결하고 계약금을 납부한 경우 포함

친인척 간 부동산 거래 시 세테크

친인척 간 부동산 거래는 비정상 거래 여지가 있다

배우자나 직계존비속, 기타 특수관계자 간에 부동산 등을 거래할 때는 주의해야 한다. 세법은 특수관계자 간 거래에서 비정상적 거래를 방지하고자 별도의 검증장치를 구비해두고 있다. 가령 배우자 증여 시 세금을 회피하기 위해 6억 원 공제 규정 등을 활용해 증여재산가액을 높여 증여한 후 양도하여 양도소득세를 줄이는 등 시가보다 낮거나 높게 거래할 경우 세법에서 정한 방식으로 과세를 하게 된다.

양도소득세와 관련한 특수관계자 간 거래에 대한 규정은 성격이 유사하기는 하지만 배우자·직계존비속 간 증여재산에 대한 이월과세 규정과 특수관계자 간 증여 후 양도 부당행위계산부인 규정으로 구분해 적용한다.

▼ 특수관계자 간 거래에 대한 양도소득세 규정

구분	증여재산 양도 시 이월과세	증여 후 양도 부당행위계산부인
적용 대상 자산	토지 · 건물 또는 특정시설물이용권, 분양권, 조합원입주권	양도소득세 과세 대상 모든 자산
증여자와 수증자 관계	배우자 · 직계존비속 간 거래만 해당	특수관계자 간 거래 모두 해당 (이월과세 적용 시 제외)
양도일까지 기간	10년 이내 양도 시	
적용 요건	세부담 부당 감소 여부와 무관하게 적용(수증자가 이월과세로 1세대 1주택 비과세되는 경우 제외)	세부담이 부당하게 감소한 경우에만 적용
양도세 납세의무자	증여받아 양도한 배우자 · 직계존비속	당초 증여자 (증여자가 직접 양도한 것으로 간주, 수증자도 연대납세의무)
취득가액	증여자의 취득 당시를 기준으로 계산	
장기보유특별공제, 세율 적용 시 보유기간	증여자의 취득일부터 수증자의 양도일까지	
기납부증여세	양도차익 계산 시 필요경비에 산입	부과 취소 후 수증자에게 환급

이월과세

이월과세(Carry-over)란 특정한 경우 양도세 기산시점을 양도자의 취득시점이 아니라 증여자의 취득시점으로 소급해 계산하는 것을 말한다. 즉 증여받은 자산을 양도하는 경우 양도자산을 양도일로부터 소급해 10년(등기부상의 소유기간 준용) 이내에 배우자(양도 당시 혼인관계 소멸된 경우 포함) 또는 직계존비속으로부터 증여받은 토지 · 건물 또는 특정시설물이용권에 해당하면, 양도차익을 계산할 때 취득가액은 양도자가 증여받은 때가 아닌 증여자가 취득할 당시를 기준으로 계산하게 된다. 이렇게 되면 일반적으로 양도차익이 증가해 양도소득세 부담이 커진다.

단, 증여(사업인정고시일로부터 소급하여 2년 이전에 증여받은 경우에 한함) 후 법적 협의매수 또는 수용되거나 양도 당시 사망으로 배우자 관계가 소멸된 경우(이혼으로 소멸하는 경우는 제외), 이월과세를 적용한 양도세액이 미적용 시 양도세액보다 적은 경우에는 이월과세 적용을 배제한다.

증여 후 양도 부당행위계산부인

증여 후 양도 부당행위계산부인이란 개인이 특수관계자에게 자산을 증여한 후 그 자산을 증여받은 자가 증여일부터 10년(등기부상의 소유기간으로 계산) 이내에 다시 타인에게 양도한 경우를 말한다. 양도소득세를 부당하게 감소시키기 위한 위장거래에 해당하는 경우 증여자가 직접 양도한 것으로 보아 양도소득세를 계산하고, 수증자가 부담한 증여세는 부과를 취소하고 환급해준다.

결국 특수관계자 간 거래를 이용해 절세를 하려면 증여 거래 후 최소 5년은 경과한 뒤에 양도를 해야 한다. 그래야 위의 제재를 피할 수 있다.

이혼에 따른 부동산 처분은 어떻게 해야 할까?

이혼을 할 때도 세금 문제가 발생할 수 있다. 이혼을 하면서 부동산을 명의이전할 경우 양도소득세를 부담하는지 증여세를 부담하는지 등의 문제가 제기될 수 있다.

이혼에는 부부 공동의 재산을 어떻게 나눌 것인가 하는 문제와 이혼에 따른 위자료 지급이라는 민사(民事)적인 문제가 수반된다. 물론 이혼을 야기한 당사자의 책임 경중에 따라 분배 비율이 달라진다. 이와 같이 이혼에 따른 재산분할과 위자료 문제는 세금 문제와 연관이 있으므로 세심한 주의를 기울여야 한다. 사례를 살펴보자.

사례 서울에 사는 Z씨는 아파트 2채를 소유하고 있었는데, 배우자와 성격 차이로 이혼을 하게 되었다. Z씨는 이혼을 하면서 혼인 전부터 소유해온 아파트 1채(시가 7억 원, 취득가 3억 원)의 소유권을 배우자 명의로 이전해주었다. 대가를 받고 소유권을 넘겨준 것이 아니므로 Z씨는 세금을 신고납부하지 않았다. 그런데 1년 후 세무서로부터 2억 2,000만 원 정도의 양도소득세 고지서가 발부되었다. 너무 황당해 세무서에 확인해보니 소유권이전등기원인이 '이혼위자료 지급'으로 되어 있어 양도소득세 과세 대상이라는 답변이 돌아왔다. 왜 이런 일이 발생했을까?

세법은 이혼에 따른 부동산 소유권 이전 유형을 재산분할청구와 이혼위자료에 의한 이전으로 구분하고, 각각에 대해 세법 규정을 달리하고 있다.

재산분할청구로 부동산 소유권 이전

협의이혼이든 재판에 의한 이혼이든 「민법」 제839조 제2항에서 규정하는 재산분할청구로 인해 부동산 소유권을 이전하는 경우 증여세와 양도소득세 과세 대상에 포함되지 않는다. 재산분할청구란 부부 공동의 노력으로 이룩한 공동재산을 나누는 절차로, 결혼 후에 취득한 부동산은 부동산의 명의에도 불구하고 부부 공동의 재산이므로, 이혼과 함께 소유권을 이전하는 것은 결국 명의만 이전하는 절차라 할 수 있다. 즉 재산분할이란 타인 명의로 된 자기 재산을 돌려받는 것이므로, 무상으로 재산을 취득하는 증여나 위자료라는 대가로 받는 양도에 해당하지 않는다.

이와 같이 소유권이전등기를 할 때 등기원인은 '재산분할청구로 인한 소유권 이전'이 되며, 등기 관련 취득세 외에 어떤 세금도 부담하지 않고 소유권을 이전할 수 있다(단, 이혼합의서, 판결문 등의 서류를 첨부해야 한다).

참고로 「민법」 제839조 제2항은 재산분할청구권[1]에 대해 협의에 의해 이혼한 자의 일방은 다른 일방에 대해 재산분할을 청구할 수 있고, 재산분할에 관해 협의가 되지 않거나 협의할 수 없을 때 가정법원은 당사자의 청구에 의해 당사자 쌍방의 협력으로 이룩한 재산의 액수, 기타 사정을 참작해 분할 액수와 방법을 정하며, 이 재산분할청구권은 이혼한 날부터 2년이 경과한 때에 소멸한다고 정하고 있다.

이렇게 이전된 부동산을 이혼 후에 양도할 때 취득시기는 이혼 전 최초 취득시점이 된다는 점도 알아두어야 양도소득세 계산 시 실수가 없다.

이혼위자료의 대가로 부동산 소유권 이전

이혼위자료 등의 대가로 대물변제되어 부동산 소유권을 이전하는 경우 양도소득세 과세 대상이 된다. 당사자 간의 합의에 의하거나 법원의 확정판결에 의해 일정액의 위자료를 지급하기로 결정하고 당사자 일방이 소유하고 있던 부동산의 소유권을 상대방에게 이전하는 것은 그 자산을 양도하는 것으로 간주하기 때문이다. 이혼위자료라는 채무를 변제하기 위해 부동산을 주는 것은 일종의 대물변제에 해당한다.

「소득세법」상 대물변제는 양도의 한 유형에 속한다. 이럴 경우 소유권 이전등기를 신청할 때 등기원인은 '이혼위자료 또는 정신적 피해보상의 대

---

1 **재산분할청구권** 이혼을 한 당사자의 일방이 다른 일방에 대하여 혼인 중에 모은 재산의 분할을 청구하는 권리. 결혼 후에 취득한 부동산은 부동산의 명의에도 불구하고 부부 공동의 재산이므로, 이혼과 함께 소유권을 이전하는 것은 결국 명의만 이전하는 절차다.

가 지급'이 되며, 이전하는 부동산이 1세대 1주택 비과세 요건을 갖추지 않았다면 양도소득세를 물어야 한다. 그리고 위자료로 받은 부동산을 양도할 때의 취득시기는 최초 취득시점이 아니라 위자료로 등기이전한 때라는 점을 알아둘 필요가 있다.

Z씨의 사례에서 양도소득세가 추징된 이유는 1세대 2주택 상태에서 '재산분할청구'에 의한 것이 아니라 '이혼위자료'로 주택의 소유권을 이전해주었기 때문이다. 만약 해당 주택이 1세대 1주택에 해당되었다면 양도소득세 과세 대상이기는 하지만 양도세를 추징당하지는 않았을 것이다.

▼ 재산분할청구와 위자료 지급의 소유권 이전

구분		재산분할권	위자료 지급
증여세		없음	없음
양도세	이혼 당시	없음	과세
	이혼 후	보유기간은 이혼 전 취득시점부터 계산	보유기간은 이혼 후 명의이전시점부터 계산

재산분할청구권은 혼인 후 형성된 재산에 대해서만 적용

하지만 여기서 주의해야 할 점이 있다. 재산분할청구권은 혼인 후 형성된 재산에 대해서만 적용된다는 점이다. 재산분할청구란 자기 재산의 환원을 그 내용으로 하고 있기 때문이다. 따라서 혼인 전 재산은 공동의 재산이 아니라, 결혼 전 각자의 노력으로 취득한 개별 재산에 속한다. 이 같은 재산은 재산분할청구 대상이 되지 않는다. 혼인 전에 취득한 부동산의 소유권을 이전할 때는 이혼위자료 지급으로 보아 당연히 양도소득세가 과세된다.

이혼 전 소유권 이전은 증여

앞서 언급한 방법과 달리 정식 이혼 전에 소유권을 이전해주는 경우도 있다. 이때는 소유권이전등기원인이 '증여'가 되어 증여세 과세 대상이 된다. 하지만 배우자로부터 증여를 받으면 10년 동안 합산한 금액 6억 원까지는 증여공제를 하므로 부동산의 시가가 6억 원이 되지 않는 경우에 택할 수 있는 방법이다. 단, 증여 방식은 정식 이혼을 하기 전에 선택해야 한다. 이혼한 뒤에 증여하게 되면 부부간 증여가 아니라 타인 간 증여가 되므로 공제 없이 전액 증여세가 과세되기 때문이다.

이혼으로 인해 안 그래도 마음이 아픈데 세금까지 물어야 한다면 그 고통은 더욱 커질 수밖에 없다. 따라서 이혼하게 되어 부동산 등의 재산을 나눈다면 소유권이전등기원인을 재산분할청구에 의한 소유권 이전으로 해야 양도소득세나 증여세를 합법적으로 피할 수 있다. 부부 관계를 정리하는 마지막 단계에서 조금 더 냉정한 마음으로 세무 처리를 해야 그나마 고통을 줄일 수 있지 않을까?

058 재개발·재건축과 양도소득세

재개발·재건축과 관련한 양도소득세는 일반 주택이나 아파트 매매에 따른 양도소득세에 비해 조금 복잡하다. 재개발·재건축 과정에서 부동산 자산의 형태가 바뀌기 때문에 양도소득세를 계산할 때도 각각의 자산에 대한 양도차익을 계산하고, 장기보유특별공제도 그에 맞게 적용하기 때문이다.

재개발사업은 자치단체장의 개발계획에 따라 진행된다. 반면 재건축사업은 집주인과 땅주인이 자신의 계획에 따라 진행하되, 사업시행인가 전에 안전진단 절차를 통과해야 한다. 두 사업의 진행 절차는 유사하다.

재개발·재건축 진행 절차

기본계획 수립
↓
구역 지정
↓
추진위 구성
↓
조합설립인가, 시공사 선정
↓
사업시행인가, 신탁등기
↓
조합원분양공고, 신청
↓
관리처분계획인가
↓
이주, 착공
↓
준공, 입주
↓
소유권이전고시
↓
조합청산

재개발·재건축 절차를 진행하게 되면 부동산 자산의 성격도 달라지는데, 철거일 또는 관리처분계획인가일과 준공시점 등 두 번에 걸쳐 달라진다. 이를 표로 살펴보면 다음과 같다.

▼ 재개발·재건축 단계별 부동산의 성격

구분	1단계	2단계	3단계	4단계
과정	기존 부동산 상태	철거일 또는 관리처분계획인가일	시공	신축주택 완공
자산의 성격	토지 또는 건물	조합원입주권		주택

1단계에서 매매가 이루어질 때는 일반주택 매매의 양도소득세 계산 방식과 별 차이가 없다. 하지만 2, 3, 4단계로 가면 부동산 자산이 조합원입주권이라는 단계를 거치기 때문에 복잡해진다. 특히 관리처분계획에 따라 당초의 소유자산보다 분양받을 자산가액이 많을 때는 청산금[1](추가부담금)을 납부해야 하고, 반대일 때는 청산금을 지급받게 되는데, 그에 따라 양도소득 계산 방식도 달라진다.

다음 페이지에 청산금 수수를 기준으로 한 양도차익 계산 방식을 표로 정리해두었으니 참고하기 바란다.

한편 신축주택 양도 시 청산금을 납부한 경우 양도차익에 대한 장기보유특별공제를 할 때의 보유기간은 기존 건물분에 대해서는 기존 건물·부수토지의 취득일부터 신축주택의 양도일까지로 하고, 청산금납부분에 대해

---

1 **청산금** 재개발·재건축 과정에서 조합원 등이 기존에 보유하던 부동산 지분과 분양받는 지분 사이에 차이가 발생할 때 해당 차이분을 정산하게 되는데, 이를 청산금이라 한다. 기존 보유지분이 큰 경우에는 청산금을 지급받게 되고, 분양지분이 큰 경우에는 청산금을 납부하게 된다.

서는 관리처분계획인가일부터 신축주택의 양도일까지로 한다.

▼ 청산금 수수를 기준으로 한 양도차익 계산 방식(① + ②)

<table>
<tr><th>구분</th><th>청산금을 납부한 경우</th><th>청산금을 지급받은 경우</th></tr>
<tr><td rowspan="2">2, 3단계
입주권
양도 시
(① + ②)</td><td>양도가액
(-) 기존 건물, 부수토지의 평가액
(-) 납부한 청산금
(-) 자본적 지출, 양도비
(=) ① 관리처분계획인가 후 양도차익
(장기보유특별공제 불가)</td><td>양도가액
(-) 기존 건물, 부수토지의 평가액
(+) 지급받은 청산금
(-) 자본적 지출, 양도비
(=) ① 관리처분계획인가 후 양도차익
(장기보유특별공제 불가)</td></tr>
<tr><td>기존 건물, 부수토지 평가액
(-) 기존 건물, 부수토지 취득가액
(-) 자본적 지출, 양도비(또는 기타 필요경비 개산액)
(=) ② 관리처분계획인가 전 양도차익
(장기보유특별공제 가능)</td><td>기존 건물, 부수토지 평가액
(-) 기존 건물, 부수토지 취득가액
(-) 자본적 지출, 양도비(또는 기타 필요경비 개산액)
(×) (기존 건물·부수토지평가액 - 지급받은 청산금) ÷ 기존 건물·부수토지 평가액
(=) ② 관리처분계획인가 전 양도차익
(장기보유특별공제 가능)</td></tr>
<tr><td rowspan="2">4단계
신축주택
양도 시
(① + ②)</td><td>관리처분계획인가 전 양도차익
(+) 관리처분계획인가 후 양도차익 × 기존 건물·부수토지평가액 ÷ (기존 건물·부수토지 평가액 + 납부한 청산금)
(=) ① 기존 건물분 양도차익</td><td rowspan="2">2, 3단계 입주권 양도 시의
① 관리처분계획인가 후 양도차익
+ ② 관리처분계획인가 전 양도차익</td></tr>
<tr><td>관리처분계획인가 후 양도차익 × 납부한 청산금 ÷ (기존 건물·부수토지평가액 + 납부한 청산금)
(=) ② 청산금납부분 양도차익</td></tr>
</table>

분납을 활용하자

일반적으로 소득세의 경우 납부세액이 1,000만 원을 초과하면 분납이 가능하다. 2,000만 원까지는 1회에 1,000만 원, 2회째 나머지를 납부하며,

2,000만 원 이상일 때는 총납부세액의 절반씩을 1, 2회로 나누어 납부할 수 있다. 분납을 할 때는 1일 0.022%의 가산세가 붙지 않는다. 따라서 금융비용만큼의 절세효과를 누릴 수 있으므로 가능하면 분납제도를 활용하는 것이 좋다. 단, 소득세에 부가되는 지방소득세는 분납이 안 된다.

양도소득세는 우선 예정신고를 해야 하는데, 예정신고기한이 1차 납부기한이 된다. 즉 양도일이 속하는 달의 말일부터 2개월째 되는 날이 분납 시 1차분 납부기한이 되며, 2차분 납부기한은 그로부터 2개월 뒤다. 결국 양도일로부터 따지면 최대 5개월까지 그리고 세금의 절반까지 완납을 연기할 수 있는 셈이다.

조합원입주권과 분양권의 세금 차이

새로 공급되는 아파트에 입주하려면 조합원입주권이나 분양권을 취득해야 한다. 조합원입주권은 「도시및주거환경정비법」에 따른 관리처분인가로 취득한 '입주자로 선정된 지위'를 말한다. 따라서 조합원입주권을 취득하려면 조합원으로부터 해당 입주권을 매매나 기타 방법으로 취득하는 절차를 거쳐야 한다.

한편, 분양권은 재개발·재건축 등에 따라 시행사가 조합원 외 일반 수요자에게 판매하는 부동산을 취득할 수 있는 권리다. 분양권을 취득하려면 분양 절차에 따라 부동산 공급자와 계약을 해야 한다.

조합원입주권과 분양권은 성격이 다르다. 세법은 한때 이를 달리 취급한 적이 있으므로 이를 잘못 파악하고 거래하면 생각지도 못한 세금을 추징당할 수 있다.

조합원입주권은 자신의 기존주택 등 부동산을 출자한 자로서 얻는 것이므로 그 자체가 주택과 동일한 성격을 가지며, 일종의 물권(物权)에 해당한다. 분양권은 잔금이 치러져 소유권이전등기가 이루어지기 전까지는 채권적 계약을 표현하는 권리다.

따라서 주택 수를 계산할 때 비록 기존주택이 멸실되어 현재 입주권 상태로 전환되었다 하더라도 조합원입주권도 하나의 주택으로 보아 다주택 여부를 판단한다. 하지만 입주권을 양도할 때는 주택이 아닌 부동산을 취득할 권리의 양도로 보아 그에 따른 계산 방식을 따른다. 즉 주택 수를 계산할 때 조합원입주권은 주택으로 간주하지만, 양도할 때는 주택이 아닌 입주권으로 양도소득세를 계산한다는 뜻이다.

분양권은 조합원입주권과 달리 2020년까지는 주택으로 보지 않아 주택 수 계산 시 고려할 필요가 없었다. 하지만 2021년부터는 주택으로 간주하며, 분양권 양도 시에는 권리의 양도로 보아 조합원입주권 양도 시와 동일한 방식으로 계산한다.

▼ 부동산과 관련된 세금

구분	조합원입주권	분양권[1]
주택 수 계산 시	주택으로 봄	부동산을 취득할 권리 (2021년부터는 주택으로 간주)
양도차익 계산 방식	다음 두 양도차익의 합계 ① 관리처분계획인가 전 양도차익 ② 관리처분계획인가 후 양도차익	분양권양도가액 – 분양권취득가액
장기보유 특별공제	적용함	적용함
1세대 1주택 비과세 여부	조합원입주권 1개를 소유한 1세대[2]가 다른 주택 없이 입주권을 양도하거나 다른 1주택 취득일로부터 3년 이내에 입주권을 양도할 때	좌측과 동일

1) 1년 미만 보유하고 양도 시 70%, 1년 이상 2년 미만 보유하고 양도 시 60% 중과세
2) 관리처분계획인가일 현재 또는 철거일 현재 기존주택 소유자로서 비과세 요건을 충족한 경우

손해보고 팔거나 연간 2회 이상 양도한 경우 세금은?

소득세는 1년을 기준으로 종합소득 또는 양도소득 등으로 합산해 과세하는 것을 원칙으로 한다. 다시 말해 매년 1월 1일부터 12월 31일까지 발생한 소득에 대해 소득의 종류별(이자소득, 배당소득, 사업소득, 근로소득, 연금소득, 기타소득)로 종합합산과세하거나 퇴직소득 또는 양도소득으로 분류과세를 한다. 부동산임대업으로 발생한 소득은 사업소득에 해당한다.

1년간 발생한 양도소득에 대해 합산해 과세

양도소득세도 마찬가지로 1년간 발생한 양도소득에 대해 합산해 과세하는 것이 원칙이다. 다만 양도소득 합산과세를 할 때는 양도소득의 종류를 네 그룹으로 나누어 합산하고 있다. '1호' 그룹은 토지·건물·부동산에 관한 권리, 기타 자산의 양도소득금액, '2호' 그룹은 주식·출자지분의 양도소득금액, '3호' 그룹은 파생 상품 거래 관련 양도소득금액, '4호' 그룹은 신탁수익권 양도소득금액으로 구분한다.

이렇게 구분된 그룹별로 양도소득금액을 합산할 때 양도차손(양도가액보다 취득가액, 기타 필요경비가 큰 경우 그 초과금액)이 발생하면 같은 그룹별 자산의 양도소득금액에서 다음 순서에 따라 양도차손을 순차적으로 공제한다.

먼저 양도차손이 발생한 자산과 같은 세율을 적용받는 같은 그룹 자산의 양도소득금액에서 공제하고, 남은 금액은 같은 그룹 내 다른 세율을 적용받는 자산의 양도소득금액에서 각 자산의 소득금액 비율로 안분해 공제한다. 그렇게 공제하고도 남는 차손이 있다면 그 양도차손은 소멸하고, 다른 그룹에서 차감할 수 없다.

사례 2023년에 다음과 같은 양도소득이 발생했다. 양도소득합산과세는 어떤 식으로 이루어질까?

구분	1호 자산			2호 자산	
	토지	건물A	건물B	비상장주식C	비상장주식D
보유기간	1년	2년	2년	3년	4년
세율	50%	40%	40%	10%	20%
양도차손익	3억 원	2억 원	-6억 원	5,000만 원	-2,000만 원

1호 그룹 자산 내에서 건물A와 건물B는 적용세율이 같으므로 합산과세를 하여 신고해야 한다. 그런데 건물B에서 양도차손이 발생했으므로, 이 양도차손 6억 원은 우선 같은 세율을 적용받는 건물A의 양도차익에서 공제하고, 나머지 4억 원은 토지의 양도차익에서 공제하게 된다. 토지의 양도차익에서 공제하고도 남은 양도차손 1억 원은 2호 자산에서 공제할 수 없으므로 그대로 소멸하고 이월공제되지 않는다.

토지와 건물A가 건물B보다 먼저 양도되어 양도소득세를 납부한 후 건물B를 양도한 경우라면 건물B의 양도소득세 예정신고 시 합산과세를 통해 환급받거나 다음 해 5월 확정신고를 통해 양도소득세 환급을 청구할 수 있다. 비상장주식C와 비상장주식D는 각각의 세율로 과세하되, 차손은 비상장주식C의 차익에서 가감하여 계산한다.

이처럼 동일한 과세기간 동안 2건 이상의 자산 양도거래가 있는 경우 누진세율 적용 자산은 합산해 예정신고를 하고, 그렇지 않은 경우 반드시 다음 해 5월 말까지 확정신고를 해야 한다. 단, 같은 그룹 내 부동산 양도차손이라도 비과세 대상일 경우 해당 차손은 다른 자산과 통산하지 않으므로 주의해야 한다.

사업자등록이 없는 개인이라도 부동산 거래가 빈번하다면?

부동산 양도자가 부동산매매업 또는 건설업으로 사업자등록을 하지 않더라도, 사업 목적으로 1과세기간(1월 1일~6월 30일 또는 7월 1일~12월 31일) 이내에 1회 이상 부동산을 취득하고 2회 이상 판매하는 경우 부동산매매업으로 간주될 수 있다. 이렇게 되면 부동산 양도로 발생한 소득을 양도소득이 아닌 사업소득으로 보아 둘 중 큰 금액으로 과세한다. 즉 사업소득금액(양도금액 - 필요경비)에 대한 산출세액과 양도소득(양도금액 - 필요경비 - 장기보유특별공제 등)에 의한 산출세액을 비교해 그중 큰 금액으로 과세한다는 말이다.

보통 1세대 다주택에 해당되어 중과세를 당하는 경우는 양도소득세 방식이 불리하지만, 그렇지 않은 경우 사업소득으로 과세되면 장기보유특별공제가 없기 때문에 불리할 수 있다. 사업자등록이 없는 개인이라도 부동산 거래가 빈번하다면 위 사항에 유의하는 것이 좋다.

부동산으로 간주하는 주식의 양도소득세

부동산과 주식은 양도 시 양도소득세가 부과된다는 점은 동일하지만 적용되는 세율과 세금 부담이 다르다. 양도소득이 일정 수준을 넘어가면 주식 양도보다 부동산 양도의 세부담이 더 커진다. 세법에서는 주식 양도를 부동산 양도로 보는 경우가 있으니 주의해야 한다.

세법에서는 특정주식A와 특정주식B 두 종류로 구분하고, 이 주식을 부동산에 준하는 기타 자산으로 분류하여 양도소득세를 과세한다. 이들 특정주식을 양도할 때는 주식에 해당하는 세율(10%, 20%, 25%, 30%)을 적용하는 것이 아니라 부동산에 해당하는 기본누진세율(6~45%)을 적용한다.

특정주식A는 법인의 총자산에서 부동산 등의 비율이 50% 이상인 법인의 과점주주가 그 법인의 주식(출자지분 포함) 50% 이상(양도하는 날부터 소급하여 3년 이내 과점주주가 양도한 주식 합산)을 해당 과점주주 외 자에게 양도할 경우 그 주식을 말한다.

▼ 특정주식A를 부동산으로 간주하는 경우

구분	조건
부동산 등의 비율이 50% 이상인 법인	과점주주 50% 이상 양도의 합산대상이 되는 기간 중 최초로 양도하는 날 현재 해당 법인의 자산총액 중 토지·건물 및 부동산에 관한 권리의 가액과 해당 법인이 보유한 다른 부동산과다보유법인의 주식가액의 합계액이 차지하는 비율이 50% 이상인 법인
과점주주	주주(또는 출자자) 1인 및 기타 주주(그들과 특수관계인)가 소유하고 있는 주식의 합계가 위 법인 주식합계액의 50%를 초과하는 주주 1인과 기타 주주들

특정주식B는 다음 요건을 모두 충족하는 법인의 주식(출자지분 포함)을 말하고, 이 주식은 1주를 양도해도 부동산 기타 자산으로 본다.

▼ 특정주식B를 부동산으로 간주하는 경우

구분	조건
부동산 등의 비율	해당 법인의 자산총액 중 토지, 건물 및 부동산에 관한 권리의 가액과 해당 법인이 보유한 다른 부동산과다보유법인 주식가액의 합계가 차지하는 비율이 80% 이상인 법인
업종 기준	골프장업, 스키장업 등 체육시설업, 관광사업 중 휴양시설관련업 및 부동산업, 부동산개발업으로서 골프장, 스키장, 휴양콘도미니엄 또는 전문휴양시설을 건설·취득하여 직접 경영하거나 분양, 임대하는 사업을 하는 법인

Common Sense Dictionary
of Reducing Real Estate Tax

6

여섯째 마당

상속·증여와 부동산

복잡한 상속세 계산 한눈에 정리하기

상속재산 중에는 상속세의 과세 대상이 되는 재산과 그렇지 않은 재산이 있다. 특히 상속세를 계산할 때는 상속 전에 증여하거나 처분한 자산도 상속재산에 포함될 수 있으므로, 상속 전후로 재산을 처분 또는 증여할 때는 특별히 주의해야 한다.

사례 A씨는 2019년에 3억 원의 아파트를 증여받으면서 증여세로 4,700만 원을 신고납부했다. 2022년 부친이 지병으로 사망하면서 장례(총 장례비 700만 원)를 치르고 유산을 정리해보니, 공시가격 5억 원인 부친 명의의 단독주택 1채와 예금·금융상품 1억 원이 있었다. 그리고 부친이 불입한 보험에 따라 사망보험금 2억 원을 수령했다. A씨는 유산을 정리하면서 상속세 계산이 단순하지 않다는 것을 알게 되었다. A씨가 신고납부해야 할 상속세는 얼마일까?

▼ **상속세 계산 구조**

계산 구조	내용
총상속재산 (-) 비과세재산 (-) 상속세불산입재산 (-) 공과금, 장례비용, 채무 (+) 증여재산가산액	• 본래의 상속재산 + 상속 전 증여재산 + 상속개시 전 처분재산 등 • 국가·지자체 등에 기부한 자산과 제사용 재산 • 공익법인 등에 출연한 재산 • 장례비용 1,500만 원 한도(납골비용 500만 원 포함) • 10년(또는 5년) 이내 증여한 재산
(=) 상속세 과세가액 (-) 상속공제	 • 인적공제 최저 5억 원(배우자 생존 시 10억 원, 동거주택상속공제) 등
(=) 과세표준 (×) 세율	 • 1억 원, 5억 원, 10억 원, 30억 원 기준으로 10%, 20%, 30%, 40%, 50% 누진세율
(=) 산출세액 (+) 세대생략할증세(30% 또는 40%) (-) 세액공제	 • 자녀 아닌 직계비속에게 직접 상속하는 재산에 대해 신고기한 내 신고 시 3% 공제 등
(=) 납부할 세액	

상속세 계산 시 유의할 점

첫째, 상속재산은 예금이나 부동산 등 상속 당시 피상속인(사망자 등)이 소유한 본래의 재산만 포함되는 것이 아니다. 사망에 따른 보험금, 퇴직금, 신탁재산이 여기에 가산된다. 특히 상속 전 2년 이내에 자산을 처분하거나 채무를 부담한 경우에도 그 용도가 명백하지 않으면 상속재산에 포함될 수 있다.

따라서 상속개시 전에는 가능하면 자산을 처분하거나 채무를 부담할 때 처분금액 또는 채무금액을 어디에 사용했는지 객관적인 근거를 갖춰놓아야 한다. 세법은 상속개시 전 1년 이내에 처분한 자산 또는 채무금액의 합계가 2억 원 이상이거나 2년 이내에 처분한 자산 또는 채무금액의 합계가 5억 원 이상인 경우 상속재산으로 추정하기 때문이다.

또한 상속개시 전 일정 기간 내에 증여한 자산도 상속재산에 합산하여 과세한다. 상속인에게 10년 이내에 증여한 자산과 비상속인에게 5년 이내에 증여한 자산이 여기에 포함된다. 창업자금이나 가업 승계 관련 증여세 특례를 적용받는 증여자산은 기한 제한 없이 합산한다. 물론 증여재산가액은 증여 당시의 가액을 합산하며, 이미 납부한 증여세는 상속세에서 공제해주므로 이중과세는 아니다.

둘째, 국가나 지방자치단체 등에 기부하거나 공익법인에 출연한 재산은 상속세 과세 대상이 아니다.

셋째, 피상속인에게 납부의무가 있는 공과금과 장례비용(1,000만 원 한도), 납골비용(500만 원 한도), 객관적으로 입증된 채무는 상속재산에서 차감한다.

넷째, 상속공제는 인적공제와 물적공제로 나뉘는데, 인적공제는 최저 5억 원(배우자 공제 포함 시 10억 원)이 공제되고, 물적공제는 순금융재산(= 금융재산 - 금융부채)에 대해 2,000만 원까지는 전액, 초과분은 해당 금액의 20%와 2,000만 원 중 큰 금액을 최고 2억 원까지 공제해준다. 또한 가업 · 영농상속공제와 동거주택상속공제도 있다.

다섯째, 상속세율은 과세구간에 따라 다음과 같이 누진세율을 적용한다.

▼ **상속세 적용세율**

과세표준	적용세율
1억 원 이하	과세표준의 10%
1억 원 초과 ~ 5억 원 이하	1,000만 원 + 1억 원 초과금액의 20%
5억 원 초과 ~ 10억 원 이하	9,000만 원 + 5억 원 초과금액의 30%

10억 원 초과 ~ 30억 원 이하	2억 4,000만 원 + 10억 원 초과금액의 40%
30억 원 초과	10억 4,000만 원 + 30억 원 초과금액의 50%

여섯째, 자녀가 아닌 직계비속에게 상속할 경우, 즉 할아버지와 할머니가 아들과 딸을 건너뛰고 손자녀에게 증여할 때는 '세대를 건너뛴 상속'이라 해서 원래의 증여세 산출세액에 총상속재산 중 해당 재산의 비율을 곱한 금액의 30%(증여재산이 20억 원을 초과할 때는 40%)를 가산한다는 점도 알아둘 필요가 있다.

일곱째, 세금이 1,000만 원이 넘을 때는 분납을, 2,000만 원이 넘을 때는 연부연납이나 물납을 신청할 수 있다. 분납은 신고납부기한으로부터 2개월 이내에 2차례에 나누어 납부할 수 있고, 연부연납은 기업상속재산 등이 50% 미만일 때는 최대 10년, 50% 이상일 때는 최대 20년(증여재산은 5년) 동안 나누어 납부할 수 있다. 하지만 연부연납금액은 연간 1,000만 원을 초과해야 하며, 연납에 따른 가산금을 납부해야 한다. 가산금은 최초 1회분 납부 시에는 총납부세액에 대해, 그 이후 연부연납하는 각 회분의 분할납부세액에 시중은행 1년 만기 정기예금 평균 수신금리를 고려해 기획재정부에서 정하는 이자율을 곱한 금액이다.

이상의 점을 고려하여 A씨의 상속세를 계산해보자. A씨 본래의 상속재산은 6억 원이지만 여기에 보험금 2억 원과 10년 이내 증여재산인 3억 원을 합한 11억 원이 상속재산이 된다. A씨는 제1순위 상속인으로서 인적공제로 최저 5억 원을 공제받을 수 있고, 상속재산 중 금융자산(금융상품과 보험금)이 있어 금융자산공제(3억 원의 20%)를 6,000만 원 받을 수 있다.

결국 상속세 과세표준은 5억 3,300만 원(= 11억 원 - 700만 원 - 5억 원 - 6,000만 원)이다. 누진세율 30%를 적용해 산출세액을 계산하면 9,900만 원인데, 증여재산 관련 증여세는 공제를 해주므로 A씨가 실제 납부할 상속세는 5,200만 원이다. 상속세가 1,000만 원이 넘으므로 A씨는 상속세 신고납부기한으로부터 2개월 이내에 2,600만 원씩 분납할 수 있다.

부동산 상속 시 유의할 점

상속세는 피상속인, 즉 사망자의 재산이 적어도 5억 원(배우자 상속공제 포함. 10억 원)이 넘어야 납부세액이 나올 수 있는 세금이다. 물론 상속과 관련된 채무가 있다면 그보다 훨씬 높아지게 된다.

보통 상속세가 나오기 쉬운 경우는 수도권이나 광역시 등에 부동산 재산이 있는 경우다. 부동산은 평가금액 자체가 크기 때문에 상속세에 미치는 영향도 크다.

우선 같은 상속부동산이라도 상속세 계산 시 평가금액에 융통성이 있는 부동산과 그렇지 않은 부동산이 있으니 유의하기 바란다.

부동산 상속 시 재산의 평가 방법

아파트 등 집합건물 — 매매사례가액

아파트나 빌라 등 집합건물은 비교적 거래가 활발한 부동산 거래시장이 형성되어 있고, 그에 따라 위치 · 평형 · 브랜드별로 시세가 형성되어 있다.

아파트의 경우 상속개시일(사망일) 전후 6개월 이내에 거래된 유사한 유형의 거래 사례가 있을 경우 해당 금액(국토해양부 홈페이지에서 확인 가능)이 상속재산 평가액이 되고, 그보다 적게 신고할 경우 추징 가능성이 높다.

특히 상속아파트를 상속개시 후 6개월 이내 또는 근접한 시기에 양도하거나 경매 등이 진행 중인 경우에도 해당 금액이 재산평가액이 될 수 있으므로 상승기에 있는 아파트라면 상속개시 후 일정 기간 처분하는 것에 신중해야 한다.

상가건물, 단독주택, 토지 등 — 공시가격

아파트와 달리 건물이나 토지와 같이 표준화되지 않은 부동산을 상속받은 경우 재산평가액은 「상속세및증여세법」에 따른 보충적 평가 방법을 적용한다. 보충적 평가 방법은 감정평가, 재산평가심의위원회의 평가액 또는 개별공시지가나 국세청 기준시가 등으로 평가하는 것을 말한다.

이렇게 평가하면 아무래도 실제 매매가에 비해 70% 내외로 평가액이 줄어들어 상속세 절세에 유리하다. 물론 이 경우에도 상속개시일 전후 6개월 이내에 해당 부동산을 처분하여 시가가 확인되면 그 금액이 재산평가액이 되므로 유의해야 한다.

상속세와 양도소득세의 관계

상속부동산을 양도할 경우 양도소득세를 계산할 때 취득가액은 상속세 신고 당시의 재산평가액이 되므로, 상속세와 양도소득세는 서로 상충한다. 즉 상속부동산을 시가로 평가하면 향후 양도소득세를 신고할 때 차익을 줄일 수 있어 유리하지만 공시가격으로 평가해 신고하면 향후 양도차익이 커지게 되어 양도소득세 부담이 증가하는 것이다.

따라서 상속세가 나오지 않거나(상속재산이 5억 원 또는 10억 원 미만일 때), 상속세 부담이 양도소득세 부담보다 작을 것으로 예상되면 단독주택 등의 부동산이더라도 공시가격을 적용해 신고하기보다는 감정가액 등 시가에 가깝게 신고하는 것이 세금 면에서 유리할 수 있다.

상속부동산, 누구 명의로 등기하는 것이 유리할까?

상속재산에 대한 법정상속지분은 배우자는 1.5, 자녀들은 각 1로 계산하여 안분한다. 상속재산에 대한 배우자공제는 최소 5억 원에서 30억 원까지로 자녀보다 더 크다. 따라서 상속재산이 많을 경우 배우자공제를 많이 받으려면 상속재산을 배우자 명의로 법정지분한도까지 해두는 것이 유리하다.

사례 B씨는 상속재산이 30억 원이고, 배우자와 2명의 자녀가 있다. 배우자의 법정상속지분은 42.8%(1.5/3.5)다. 배우자 앞으로 12억 8,400만 원을 배분하고, 자녀들에게 8억 5,700만 원씩 배분할 경우(㉠)와 10억 원씩 3등분으로 배분할 경우(㉡) 세금은 어떻게 달라질까?

우선 ㉠과 ㉡의 상속공제금액 차이는 무려 2억 8,400만 원이다. 배우자공제와 기타공제를 합했을 때 전자(㉠)는 17억 8,400만 원(= 12억 8,400만 원 + 5억 원), 후자(㉡)는 15억 원(= 10억 원 + 5억 원)이기 때문이다. 이로 인한 세금효과는 1억 원 가까이 된다.

하지만 이 경우 배우자가 사망할 때 또다시 상속문제가 발생하게 된다. 그로 인한 상속세 부담은 8,500만 원 정도다. 따라서 사례의 경우 상속 당시의 세금과 상속 이후 세금을 다 고려하더라도 배우자에게 법정지분만큼 상속하는 것이 유리하다. 물론 상속재산의 크기에 따라 달라질 수 있으므로, 상속세를 신고하기 전에 전문가와 상의할 필요가 있다.

임대부동산 상속 시 월세와 전세의 차이

상속재산 중에 임대용부동산이 있는 경우 상속세 계산 시 전세 방식의 임대가 유리할까, 월세 방식의 임대가 유리할까?

전세와 월세의 차이를 알면 답을 쉽게 찾을 수 있다. 가령 동일한 건물을 임대할 때 전세일 경우 보증금 3억 원, 월세일 경우 보증금 2억 원에 월세는 42만 원 정도다. 임대보증금에 대한 시중이자율을 연 5% 수준으로 산정해 계산한 경우다. 즉 월세로 임대할 때보다 전세로 임대할 때 임대부동산에 설정된 보증금채무가 더 많다.

상속세 측면에서는 전세 방식이 유리

전세보증금, 월세보증금 모두 상속채무에 해당해 상속재산에서 공제해 주는데, 전세로 할 경우 보증금채무가 더 많기 때문에 사례에서는 상속세 과세표준을 1억 원 정도 줄일 수 있다.

하지만 월세인지 전세인지는 임대인과 임차인 간의 약정에 의해 이루어지기 때문에 상속개시 전에 피상속인의 의도적인 절세 전략에 의한 것이어야 한다. 상속 이후에 계약을 바꾼다고 적용되는 것은 아니다. 상속채무는 피상속인이 상속개시 당시 실제로 부담하는 채무일 때 공제받을 수 있다.

그렇다면 보증금채무금액은 어떤 자료로 신고해야 할까? 부가가치세 신고자료와 임대차계약서를 바탕으로 하면 상속채무를 입증할 수 있으나, 실제와 신고금액에 차이가 있을 경우 문제가 된다.

상속세는 신고납부로 종결되지 않고 세무서가 상속세 조사결정을 하여 과세표준과 세액을 결정하므로, 조사 과정에서 통장 거래 내역, 임차인 조사 등에 의해 사실관계가 신고 내용과 다른 것이 확인될 경우 상속세 조사결정과 별개로 부가가치세·소득세 과소납부분에 대해 소급해 5년분을 일시에 추징할 수도 있다.

실질금액과 신고금액의 차이를 줄이기 위해 부가가치세신고를 할 때 임대차계약서 사본을, 계약 내용이 변경될 때마다 변경된 계약서 사본을 제출하도록 하고 있지만, 임대인들이 축소 신고하는 경우가 많다. 하지만 상속세 조사결정 과정처럼 조사가 이루어지면 실질관계가 드러나게 되어 무거운 가산세 부담을 지게 된다는 사실을 알아두자.

어쨌든 상속세 세테크에는 월세 방식의 임대보다는 전세 방식의 임대가 유리하므로, 상속이 일어나기 전에 전세 방식으로 계약을 변경하는 것도 고려할 필요가 있다.

상속받은 주택과 관련된 양도소득세 특례

1세대 1주택자가 주택을 상속받아 1세대 2주택이 될 경우, 기존 보유주택이나 상속받은 주택을 양도할 때 어떻게 될까?

상속주택 1채와 일반주택 1채를 소유한 상황에서 일반주택을 양도하는 경우

상속주택과 그 밖의 일반주택(상속개시 당시 보유한 주택 또는 조합원입주권에 의해 사업시행 완료 후 취득한 신축주택만 해당하며, 상속개시일부터 소급하여 2년 이내에 피상속인으로부터 증여받은 주택 또는 조합원입주권에 의해 사업시행 완료 후 취득한 신축주택은 제외)을 국내에 각각 1채씩 소유하고 있는 1세대가 일반주택을 양도하는 경우에는 국내에 1채의 주택을 소유하고 있는 것으로 보아 비과세 특례를 적용한다.

다만 상속인과 피상속인이 상속개시 당시 1세대인 경우에는 1주택을 보유하고 1세대를 구성하는 자가 직계존속(배우자의 직계존속을 포함하며, 세대를 합친 날 현재 직계존속 중 어느 한 사람 또는 모두가 60세 이상으로서 1주택을 보유하고 있는 경우만 해당)을 동거봉양하기 위해 세대를 합침에 따라 2주택을 보유하게 되는 경우로서 합치기 이전부터 보유하고 있던 주택만 상속받은 주택으로 본다.

상속받은 주택이 둘 이상인 경우

상속받은 주택에는 조합원입주권을 상속받아 사업시행 완료 후 취득한 신축주택을 포함하며, 피상속인이 상속개시 당시 둘 이상의 주택(상속받은 1주택이 재개발·재건축사업 또는 소규모재건축사업 시행으로 둘 이상의 주택이 된 경우를 포함)을 소유한 경우에는 다음 순위에 따른 1주택을 하나의 주택으로 본다.

① 피상속인이 소유한 기간이 가장 긴 1주택
② 피상속인이 소유한 기간이 같은 주택이 둘 이상일 경우 피상속인이 거주한 기간이 가장 긴 1주택
③ 피상속인이 소유한 기간 및 거주한 기간이 모두 같은 주택이 둘 이상일 경우 피상속인이 상속개시 당시 거주한 1주택
④ 피상속인이 거주한 사실이 없는 주택으로서 소유한 기간이 같은 주택이 둘 이상일 경우 기준시가가 가장 높은 1주택(기준시가가 같은 경우에는 상속인이 선택하는 1주택)

공동상속주택의 경우

상속에 따라 여러 사람이 공동으로 소유하는 공동상속주택 외 다른 일반주택을 양도하는 경우 해당 공동상속주택은 해당 거주자의 주택으로 보지 않는다. 다만 상속지분이 가장 큰 상속인의 경우는 예외이며, 상속지분이 가장 큰 상속인이 2명 이상인 경우에는 그 2명 이상의 사람 중 다음 순서

에 따라 해당하는 사람이 그 공동상속주택을 소유한 것으로 본다.

① 해당 주택에 거주하는 자

② 최연장자

상속주택과 일반주택을 소유한 상황에서 상속주택을 양도하는 경우

상속주택을 양도할 때는 일반주택의 양도와 달리 비과세 특례를 적용하지 않고 양도소득세가 과세된다. 이 경우 조정대상지역 내 2주택 이상자에 대한 중과세는 상속받은 날로부터 5년이 경과하지 않은 경우에 한해 적용하지 않는다.

따라서 조정대상지역 내 상속주택을 양도할 때 중과세를 부과당하지 않으려면 상속받은 날로부터 5년 이내에 양도하는 것이 바람직하다.

물론 상속주택과 일반주택 각각 1채씩 두 채를 보유하다 일반주택을 먼저 양도하면서 비과세 특례를 적용받고 상속주택만 남은 경우, 1세대 1주택 비과세 특례를 적용받을 수 있다. 다만 이를 위해서는 상속받은 이후 해당 주택에서 2년 거주 요건(조정대상지역 소재인 경우) 등 1세대 1주택 비과세 특례 요건을 충족해야 한다. 이때 상속인과 피상속인이 동거하던 주택의 경우에는 해당 기간을 통산하며, 동거하지 않은 경우에는 상속개시일부터 계산하여 보유 및 거주 요건을 충족해야 한다.

동거주택 상속 시 주어지는 상속세 공제

상속부동산 중에서 동거하던 주택을 상속받는 경우 상속세 계산 시 공제 혜택이 크므로 잘 검토할 필요가 있다. 상속공제 대상이 되는 동거주택을 상속할 경우 상속주택부수토지의 가액을 포함하되, 상속개시일 현재 해당 주택 및 주택부수토지에 담보된 피상속인의 채무액을 뺀 금액으로 해당 금액을 6억 원까지 상속세 과세가액에서 공제해준다. 다만 상속공제를 받을 수 있는 해당 동거주택은 다음 요건을 모두 갖춘 상속주택이어야 한다.

상속공제를 받기 위한 동거주택의 형태

① 피상속인과 상속인(직계비속과 그 배우자로 한정)이 상속개시일부터 소급하여 10년 이상(상속인이 미성년자인 기간은 제외) 하나의 주택에서 동거할 것

② 피상속인과 상속인이 상속개시일부터 소급하여 10년 이상 1세대를 구성하면서 1세대 1주택에 해당할 것. 이 경우 무주택인 기간이 있는 경우 해당 기간은 1세대 1주택에 해당하는 기간에 포함한다. 1세대 1주택 요건은 다음과 같다.

㉠ 피상속인이 다른 주택을 취득(자기가 건설하여 취득한 경우 포함)하여 일시적으로 2주택을 소유한 경우. 단, 다른 주택을 취득한 날로부터 2년 이내에 종전의 주택을 양도하고 이사하는 경우만 해당한다.

㉡ 상속인이 상속개시일 이전에 1주택을 소유한 자와 혼인한 경우. 단, 혼인한 날로부터 5년 이내에 상속인의 배우자가 소유한 주택을 양도한 경우만 해당한다.

㉢ 피상속인이 국가등록문화재에 해당하는 주택을 소유한 경우

㉣ 피상속인이 이농주택을 소유한 경우

㉤ 피상속인이 귀농주택을 소유한 경우

㉥ 1주택을 보유하고 1세대를 구성하는 자가 상속개시일 이전에 60세 이상의 직계존속을 동거봉양하기 위해 세대를 합쳐 일시적으로 1세대가 2주택을 보유한 경우. 단, 세대를 합친 날로부터 5년 이내에 피상속인 외 자가 보유한 주택을 양도한 경우만 해당한다.

㉦ 피상속인이 상속개시일 이전에 1주택을 소유한 자와 혼인함으로써 일시적으로 1세대가 2주택을 보유한 경우. 단, 혼인한 날로부터 5년 이내에 피상속인의 배우자가 소유한 주택을 양도한 경우만 해당한다.

㉧ 피상속인 또는 상속인이 피상속인의 사망 전에 발생된 제3자로부터의 상속으로 인해 여러 사람이 공동으로 소유하는 주택을 소유한 경우. 단, 피상속인 또는 상속인이 해당 주택의 공동 소유자 중 가장 큰 상속지분을 소유한 경우는 제외한다. 상속지분이 가장

큰 공동 소유자가 2명 이상인 경우에는 그 2명 이상의 사람 중 다음 각 목의 순서에 따라 해당 각 목에 해당하는 사람이 가장 큰 상속지분을 소유한 것으로 본다.

가. 해당 주택에 거주하는 자

나. 최연장자

③ 상속개시일 현재 무주택자이거나 피상속인과 공동으로 1세대 1주택을 보유한 자로서 피상속인과 동거한 상속인이 상속받은 주택일 것

이렇게 상속받은 주택은 양도소득세 계산 시 주택 수 계산에서도 제외하므로 여러모로 세금 면에서 유리할 수 있다.

양도와 증여 중 어느 것이 절세에 유리할까?

양도로 할까, 증여로 할까

부동산의 양도나 취득에는 여러 가지 세금 문제가 연관되어 있으므로, 어느 한 가지 세금효과만으로 의사결정을 해서는 안 된다.

사례 C씨는 서울 소재 아파트 1채와 지방 소재 아파트 1채를 가지고 있다. 다주택 소유로 인한 세금 부담을 줄이기 위해 지방 소재 아파트(3억 원, 양도소득세 과세표준 5,000만 원)를 무주택자인 딸에게 넘기려고 하는데, 양도를 할지 증여를 할지 고민이다.

위 사례의 경우 관련된 주요 세금은 취득세, 양도소득세, 증여세다. 먼저 양도할 경우의 취득세와 양도소득세를 살펴보자. 취득세는 양도할 때와 증여할 때 세율이 다르다. 딸이 양도로 주택을 취득할 경우 취득세는 취득 당시 가액이 6억 원 이하이면 1%, 6억 원 초과~9억 원이면 2%, 9억 원 초과이면 3%다. 위 사례는 취득가액이 3억 원이므로 취득세율은 1%가 되어 취득세는 300만 원이다. 물론 취득세에 부가되는 세금도 있지만 여기서는 생략

한다. 자세한 내용은 15장을 참고하자.

이와 별도로 사례에서 양도소득세 과세표준을 5,000만 원이라고 했으므로 양도차익에 대한 양도소득세는 약 700만 원 발생한다. 즉 취득세와 양도소득세를 합해 총 1,000만 원의 세금이 발생한다. 여기서 주의해야 할 사항은 양도거래는 유상거래이고, 실제 자금거래가 수반되어야 한다는 점이다. 그렇지 않으면 특수관계자 간 거래이므로 양도라 하더라도 증여로 간주되어 증여세가 부과되기 때문이다.

딸이 증여로 주택을 취득할 경우 취득세율은 3.5%다(자세한 내용은 10장 참고). 따라서 취득세는 1,050만 원이 된다. 증여의 경우 여기에 증여세가 더해진다. 증여세는 직계에 대한 증여공제액을 뺀 나머지 금액에 누진세율(20%)을 적용해 계산하는데, 증여금액이 3억 원에 해당하므로 증여세는 4,000만 원이 된다. 따라서 증여를 할 경우 발생하는 총세금은 5,050만 원이다.

위 사례의 경우 증여보다는 양도가 세금 면에서 상대적으로 유리하다는 것을 알 수 있다. 물론 양도 시에는 실제로 3억 원의 자금거래가 특수관계자 사이에 발생해야 한다.